NEUTRALITÉ MALVEILLANTE

JEAN-PIERRE GATTÉGNO

NEUTRALITÉ MALVEILLANTE

Roman

CALMANN-LÉVY

ISBN 2-7021-2120-9

A Jean-Luc Rispail

Le débile soumis à la psychanalyse devient toujours une canaille.

J. LACAN

1

— Continuez.

L'invite se voulait la plus neutre et la plus discrète possible.

Mais elle ne fut pas immédiatement suivie d'effet.

— Si vous saviez..., reprit Lisa au bout d'un moment. Je voudrais tant que vous me touchiez... que vos mains me parcourent le corps.

Décidément, Lisa était sans surprise.

Quelques banalités destinées à l'échauffement, du genre : « La concierge fouille encore dans ma boîte aux lettres... Le chef de service est infernal avec moi... Le contractuel n'a rien voulu savoir... », et puis on passait aux choses sérieuses. Lisa se tournait légèrement sur le côté. Sa respiration devenait haletante, elle se mettait à gémir doucement, et je pouvais, presque géographiquement, observer la montée de la pulsion.

Ensuite, l'appel à la luxure, généralement suivi d'un long silence.

— Avec vos cheveux blonds, vos yeux bleus et votre fossette au menton, dit-elle, vous devez avoir un succès fou. Vous me faites penser à...

A Kirk Douglas peut-être ? D'un geste rapide, je ramenai une mèche de cheveux qui m'était tombée devant les yeux. Lisa ne termina pas sa phrase, elle s'enferma dans une sorte de mutisme obstiné, presque malveillant.

— A qui ?

Cette question la mit hors d'elle.

— Qu'est-ce que vous voulez que je vous dise ? De toute façon, vous ne me toucherez pas, espèce de sale impuissant ! Il y a des hommes qui paieraient pour me mettre la main aux fesses...

Elle s'interrompit et rectifia aussitôt :

— Pas tous... Il y en a certains, il faudrait les payer pour cela... Et encore, rien n'est moins sûr.

Un long gémissement nous conduisit alors à Henri et à cette interminable histoire de mariage.

— La suite, vous la connaissez... Pourquoi ai-je laissé Henri publier les bans de notre mariage ? Allez donc savoir ! Il est vrai que je peux encore dire non lorsque nous serons à la mairie. Dire qu'il voulait aussi se marier à l'église ! Mais j'ai réussi à l'en dissuader. L'essentiel pour lui, c'est de m'épouser. Je n'aime pas vraiment Henri. Il est âgé, il est mou. J'ai essayé de coucher avec lui, il n'est pas fichu de faire l'amour. Il n'aime pas ça. L'idée d'être dans un lit avec une femme le dégoûte... ou le terrorise... C'est pareil.

— Pourquoi l'épouser alors ?

Sur le divan, je la vis secouer la tête en signe de dénégation. D'elle je ne voyais que la torsade blonde que formait son chignon et les épaules grises de son tailleur prince-de-galles. Une sorte de vue aérienne à l'horizontale. Nous formions un couple curieusement assorti du point de vue des couleurs : tous deux blonds, vêtus de prince-de-galles gris, elle, étendue sur un divan de cuir noir, et moi, assis sur un fauteuil de même facture.

De temps à autre, je jetais un coup d'œil dans sa direction. Le plus souvent elle était immobile. Lorsqu'elle évoquait un souvenir ou une idée pénible, il lui arrivait d'agiter la tête ou les bras, parfois de changer de position et de se tourner sur le côté, de préférence vers le mur. Mais cela ne durait pas, très vite elle retrouvait son attitude et son immobilité initiales. On aurait dit alors une petite fille bien élevée, dressée à ne pas mettre les coudes sur la table. Même en analyse, elle se tenait convenablement. C'était surtout par le langage qu'elle maltraitait sa bonne éducation. Elle était capable de jurer aussi bien qu'un charretier ou d'employer un vocabulaire digne d'une frappe de Barbès. Manifestement, elle aimait cette vulgarité. Dans ces moments, je la trouvais extrêmement séduisante et ses provocations ne me laissaient pas toujours de marbre.

Mais j'étais son thérapeute et la distance qui séparait le fauteuil du divan était infranchissable.

Je répétai ma question :

— Pourquoi voulez-vous l'épouser ?

Son regard se posa sur le tableau de Daurat, *Le 24e Jour*, accroché sur le mur opposé au divan. Il représentait un tunnel en béton, qui, d'un rapide mouvement circulaire, se précipitait vers la droite. La masse imposante du béton, l'architecture gothique du tunnel, étonnamment aérienne et légère, l'admirable lumière provenant des ouvertures en ogive sur la gauche, l'impression de paix et de solitude qui se dégageait de l'ensemble, tout cela évoquait l'atmosphère de recueillement et de mystère d'une cathédrale. Ce tableau m'avait coûté une fortune, et je n'avais pas encore fini de le payer, mais nulle part il n'était mieux que dans mon cabinet d'analyste, placé au-dessus de la petite table en chêne qui me servait de bureau.

— Pourquoi est-ce que je veux épouser Henri ? interrogea doucement Lisa. Autant chercher à savoir quand ce tunnel finira de tourner sur lui-même. Je veux épouser Henri parce que...

Elle chercha une réponse.

— Parce que... Henri m'aime... pour moi, pas pour mon fric ou pour mon cul. Les hommes, quand ils me rencontrent, ils ne pensent qu'à me baiser. Une fois qu'ils l'ont fait, je suis sûre de ne plus les revoir. Henri, c'est différent, il me respecte, il m'aime pour ce que je suis... Sans réserve, sans penser à me posséder... C'est la première fois qu'un homme se conduit de cette façon avec moi, ne me traite pas comme une quelconque salope, vous comprenez. On peut trouver ça stupide, mais ce comportement me touche énormément...

Nouvelle interruption, avant de poursuivre avec une ironie teintée d'amertume :

— J'aurais aimé qu'il me touche d'une autre façon, voyez-vous, mais c'est toujours pareil : impossible de rencontrer quelqu'un qui accepte de me baiser et de m'épouser. A croire que les hommes ne savent faire qu'une seule chose à la fois !

C'était le type de problème que je rencontrais souvent : aime-moi mais ne me touche pas, touche-moi mais ne m'aime pas. Tel était, en substance, le message de l'hystérique dépressive, message qui provoquait la fureur, la fuite ou la frustration.

Frustration dont, en ce moment, je faisais les frais.

— Ce n'est pas parce que vous êtes cloué dans votre fauteuil ! s'écria-t-elle, qu'il faut vous croire différent des autres… Vous aussi, vous êtes incapable de satisfaire mes désirs… Vraiment, je voudrais bien savoir ce que je viens faire ici.

— Bonne question, approuvai-je en me levant.

Sur le divan, mouvement de panique. Se figurait-elle vraiment que j'allais la rejoindre ?

— Bien, mademoiselle, dis-je, d'une voix laconique.

Soulagement, c'était fini.

En un instant, elle fut sur pieds. Prenant quatre cents francs de son sac, elle les jeta négligemment sur mon bureau, puis sortit sans dire un mot, en me serrant à peine la main. Elle était déjà loin, peut-être allait-elle rejoindre son contractuel, son chef de service ou son histoire impossible avec Henri ?

Coup d'œil à ma montre : trois heures moins le quart, Sébastien n'allait plus tarder.

Mon cabinet se trouvait au quatrième étage d'un immeuble cossu de l'avenue Trudaine, en face du lycée Jacques-Decourt. D'un coup d'œil par la fenêtre, je pouvais embrasser ce qui se passait dehors. J'aperçus Lisa, silhouette blonde et élégante — telle Kim Novak dans *Vertigo* —, qui courait vers son Austin. Bien entendu, elle s'était garée n'importe comment. Devant l'arrêt d'autobus ! Il fallait oser ! Elle avait osé. Je la vis parlementer, à grand renfort de gestes, avec une aubergine qui, visiblement, ne voulait rien savoir.

La suite n'était pas difficile à deviner. Elle n'en dormirait pas. Pourtant, elle était largement en mesure de payer sa contravention. Ses parents lui avaient légué une fortune considérable, plusieurs millions de francs, qui lui auraient permis de vivre confortablement jusqu'à la fin de ses jours sans travailler ni se priver. Mais elle ne voulait pas toucher à cet argent. Non par souci d'indépendance ou par révolte contre sa famille, mais par peur panique de la solitude. Elle craignait que, par son importance même, cette fortune ne la séparât définitivement des autres. « Je veux partager l'existence de mes semblables, disait-elle, travailler, subvenir à mes besoins, faire des rencontres, avoir des amis, des amants, un mari, qui m'aimeront pour moi-même, pas pour mon fric. »

Alors, elle s'était mise au travail. Avec un certain succès, il fallait le reconnaître. Visiteuse médicale dans un important laboratoire pharmaceutique, elle s'en sortait plutôt bien. Jeune, séduisante, elle avait un sens inné des contacts et son carnet de commandes ne désemplissait pas. En sorte qu'elle gagnait sa vie très convenablement et en tirait une grande satisfaction.

Pour le reste, ce fut moins évident. Malgré ses yeux bleus et un sex-appeal qui faisait rêver plus d'un homme, Lisa se montra incapable d'engager la moindre relation amoureuse. Elle n'avait pas son pareil pour faire le vide autour d'elle, soit qu'elle se montrât trop entreprenante, soit, au contraire, qu'elle fît preuve d'une trop grande réserve. Pour reprendre son expression, sa vie était « un véritable désert ».

Aussi, lorsqu'elle rencontra Henri et que celui-ci la demanda en mariage, ce fut pour elle une sorte d'éblouissement. Jamais encore, un homme ne lui avait fait une telle proposition. Pourtant Henri était loin de correspondre à son idéal masculin. Il s'en fallait de beaucoup. C'était un homme d'un certain âge, patron d'une petite entreprise de travaux publics. Rassurant et respectable, il pouvait lui offrir toute la sécurité dont elle avait besoin. Malheureusement pour elle, il n'avait que la sécurité à offrir. C'était un homme de conviction, peu porté vers l'amour charnel, mais profondément croyant et droit. Principes qui lui avaient d'abord semblé tellement ridicules et désuets qu'elle lui avait rit au nez. Mais Henri ne s'était pas découragé et il avait mené auprès d'elle une cour assidue jusqu'à ce que — autant par lassitude que par crainte de rester seule — elle acceptât de l'épouser.

Les bans furent publiés et, depuis, toutes les séances tournaient invariablement autour de ce mariage tant redouté et tant désiré. Et Lisa ne savait toujours pas quelle serait son attitude à la mairie. En tant que thérapeute, il m'était interdit de l'influencer dans un sens ou dans un autre ; mais, au fond de moi-même, je souhaitais qu'elle dît non à cet homme.

Il était maintenant trois heures passées.

Sébastien avait du retard. Défaillance de la S.N.C.F. ou inaptitude viscérale à être à l'heure ? Deux fois sur trois il était en retard. A croire qu'il parcourait les trois cents kilomètres qui le séparaient de mon cabinet uniquement pour payer sa séance.

Il est vrai qu'il n'en était pas à quelques séances ratées, sa vie entière était un ratage. Après avoir obtenu son diplôme de philosophie, il fut nommé au lycée technique de Charleville-Mézières, dans les Ardennes. C'était peu de dire que les élèves se contrefichaient d'Aristote et de Platon. En quelques jours, son enseignement tourna à la déroute, et en quelques semaines, Sébastien devint le souffre-douleur incontesté de l'établissement.

Aussi, dans l'espoir d'améliorer une existence difficilement supportable, il s'épuisait à venir trois fois par semaine, depuis son lycée des Ardennes, me raconter, en une longue plainte à peine audible, l'interminable litanie de ses malheurs.

Perpétuellement voûté — plus exactement cassé —, accablé par l'existence, vieillissant à vue d'œil — bien qu'il eût tout juste la trentaine, ses cheveux, toujours en bataille, grisonnaient de partout —, on aurait juré qu'il prenait dix ans entre chaque séance. Sa vie consistait à raser les murs et, à force de malchances, de déboires et d'échecs, il avait réussi à devenir l'ombre de lui-même au point de se confondre avec la couleur du divan.

L'heure tournait, Sébastien se préparait à rater une séance de plus, lorsque la sonnette retentit.

J'allai ouvrir.

Ce n'était pas Sébastien, mais Günther.

Je ne pus m'empêcher de sursauter en le voyant. Ma réaction ne lui échappa guère.

— Vous ne m'attendiez pas ? demanda-t-il sur un ton suave.

— Vous êtes un peu en avance, répondis-je, d'une voix neutre.

Il sourit.

— Ce n'est pas grave docteur, je peux attendre... J'ai tout mon temps, vous savez.

Nouveau coup d'œil à ma montre. Il était maintenant peu probable que Sébastien se manifestât. Il lui restait encore quelques minutes de séance, autant dire rien.

— Entrez, dis-je en m'effaçant pour le laisser passer.

Après avoir lancé un rapide regard sur *Le 24ᵉ Jour*, Günther s'allongea sur le divan. Je m'installai, derrière lui, dans mon fauteuil, et la séance commença.

Si l'on pouvait appeler ça une séance.

Le principe de la psychanalyse est très simple. Le patient s'étend sur le divan et fait part à l'analyste des idées qui lui viennent à l'esprit. Il le fait sans réserve, quelle que soit la nature de ses pensées. Cette règle nécessite sincérité et courage pour dire ce qui est souvent vécu comme infâme ou scandaleux : désirs licencieux, amours inavouables, agressivité meurtrière, etc. Pourtant, la plupart des patients s'y soumettent avec franchise et confiance car ils savent que c'est un moyen efficace d'accéder à une meilleure connaissance d'eux-mêmes et, partant, à un mieux-être.

C'était ainsi que se comportaient, dans l'ensemble, mes patients. Ceux qui n'y parvenaient pas ou qui n'étaient pas convaincus par cette méthode cessaient de venir après quelques séances.

Avec Günther Bloch, il en alla tout autrement. Dès le début, il se révéla un patient atypique.

La première fois qu'il vint me voir, il semblait désespéré. Pendant plusieurs mois, il avait été en analyse chez un de mes éminents confrères : Jacques Silbermann. Ce dernier, clinicien hors pair, à qui l'on devait la guérison de cas particulièrement délicats, était également un brillant théoricien, dont les vues sur la psychose paranoïaque faisaient autorité dans la profession. Médecin-chef à l'hôpital psychiatrique de Villejuif, il y avait laissé un souvenir impérissable, en particulier en ouvrant son service vers l'extérieur et en œuvrant à une réelle insertion des malades dans la société. Cette politique hospitalière, souvent audacieuse, avait largement contribué à sa réputation.

Sa mort, une des plus absurdes qui fût, avait laissé un immense vide dans le monde de la psychanalyse. Alors qu'il se rendait dans sa résidence de Fontainebleau avec sa femme et ses deux enfants, les freins de sa voiture avaient brusquement lâché. Il manqua un virage et s'écrasa contre un mur en bordure de la route. Tous les occupants de la voiture furent tués sur le coup.

Cette disparition m'affecta d'autant plus que Jacques était un ami très proche. Aussi éprouvai-je une sorte de bonheur à accueillir un de ses anciens patients. C'était pour moi une façon de perpétuer une œuvre clinique cruellement interrompue.

J'écoutai donc d'une oreille favorable Günther Bloch lors des premiers entretiens.

Mais, très vite, il m'inspira une franche antipathie.

Il accusait la cinquantaine, peut-être un peu plus. Son physique n'avait rien de bien remarquable : de taille moyenne, un léger embonpoint dû à l'âge, la chevelure grisonnante et bouclée, marqué par un début de calvitie, c'était le type même du personnage quelconque. Ses vêtements étaient aussi tristes et anonymes que son allure : costume gris, chemise blanche, cravate sombre. On aurait dit un veuf, non le veuf éploré rendu inconsolable par la perte d'une épouse, mais plutôt le veuf perpétuel, atavique, chez qui deuil et mélancolie sont presque une seconde nature. Nul doute qu'il aurait fait un employé de pompes funèbres idéal. Une note de fantaisie, cependant, tranchait avec la banalité de l'ensemble : un diamant ornait son oreille gauche. A part cela, rien à en dire, si ce n'est un regard clair, complètement inexpressif, comme si rien ne vivait en lui. Il parlait avec une onctuosité qui pouvait être exaspérante et, parfois, avec des accents d'une telle componction que je me demandais s'il n'avait pas été prêtre à un moment de sa vie.

Dès les premières paroles de Günther Bloch, j'éprouvai une sorte de malaise. Ses propos sonnaient faux. Ils ressemblaient à une plaidoirie parfaitement huilée. Rien n'y manquait. D'abord, ce fut le désarroi où l'avait plongé la brusque disparition de Jacques Silbermann, désarroi qui n'était pas exempt d'un sentiment de culpabilité, et qu'il expliqua avec un luxe de détails tout à fait surprenant. Ensuite venaient les angoisses, les insomnies, les peurs incompréhensibles des autres, de soi, du monde entier, puis les comportements inadaptés, les reproches permanents, l'impossibilité de choisir, enfin les phobies et les conduites de ritualisation. Bref, un tableau clinique complet. A l'évidence, un beau cas de névrose obsessionnelle, un de ceux dont Freud disait qu'il guérissait brillamment.

— Je vous en prie, docteur, avait supplié Günther Bloch après avoir terminé sa plaidoirie, ne me laissez pas tomber.

Malgré mon désir d'accueillir un patient de Jacques, j'étais indécis.

Tout était trop bien présenté, trop bien ficelé, trop poli pour être honnête. Se moquait-il de moi ? Je fus sur le point de refuser. Et puis je pensai à Jacques. Ce n'était pas le genre d'analyste à s'en laisser conter. Sans aucun doute, la difficulté de cette thérapie l'avait stimulé. Jamais, il ne s'était dérobé devant les défis que lui lançait la folie, et c'était sans doute à cela qu'il devait sa notoriété. Pourtant je n'étais pas convaincu. Refuser ? Reporter ma décision ? L'adresser à un confrère ? J'hésitai longuement. D'un côté, il me plaisait d'accueillir le patient d'un ami ; en outre je devais faire face aux dépenses occasionnées par l'aménagement de mon appartement. De l'autre, je ne sentais absolument pas ce patient, mais cela ne signifiait rien. Quelque chose pouvait se dénouer en cours d'analyse. Pourquoi ne rien tenter ? Après tout, Jacques s'y était risqué. La comparaison avec lui me faisait-elle peur au point de ne pas oser poursuivre ce qu'il avait entrepris ?

Finalement, je me décidai.

— Très bien, dis-je, nous pouvons commencer dès la semaine prochaine.

Un éclair de triomphe brilla dans les yeux de Günther Bloch.

Et je compris que je venais de commettre ma première erreur.

Les séances qui suivirent furent décevantes.

Elles n'étaient qu'une savante mise en scène de tout ce que l'on pouvait lire ou entendre sur la psychanalyse. Avec lui, jamais un œdipe ou une angoisse de castration ne ressembla autant à un œdipe ou à une angoisse de castration. Force était de reconnaître que Günther avait des dons remarquables pour décrire ses désirs incestueux, ses pulsions meurtrières ou encore ses culpabilités inconscientes. Nombre d'analystes auraient envié la qualité et la clarté de ses exposés. Parfois, il me faisait penser à un brillant énarque soutenant un oral d'examen. Mais les talents de Günther Bloch ne se limitaient pas au seul registre freudien. Sa culture était des plus vastes. Il excellait également dans la littérature et pouvait, des séances durant, me réciter des pages entières des *Chants de Maldoror*, de *Hamlet*, ou encore des *Châtiments*. D'autres fois, à l'inverse, c'était le vide total. Pas un mot n'émergeait du divan. L'ennui atteignait alors un tel degré d'intensité qu'il s'endormait et que je devais le réveiller en fin de séance.

Bref, bien plus qu'une analyse, j'avais l'impression qu'il s'agissait d'une occupation de divan.

Logiquement, il aurait dû cesser de venir après quelques semaines. Il n'en fut rien. Contre toute attente, il persista. Et, pendant des mois, les séances se succédèrent, inutiles, monotones et égales à elles-mêmes. Dans ses propos, aucune trace de souffrance, d'angoisse ou de culpabilité. Avait-il un inconscient ? En tout cas, il n'en laissait rien paraître, pas le moindre lapsus, pas le moindre acte manqué, pas le moindre rêve à interpréter, sauf — psychanalyse obligeant — des rêves construits de toutes pièces et qui ne présentaient aucun intérêt thérapeutique.

De lui, je ne savais rien ou presque.

Il avait été marié, sa femme avait fini par le quitter. « Pas un divorce, avait-il précisé, mais plutôt une séparation par consentement mutuel. » J'avais essayé d'en savoir davantage. En vain. Ses réponses étaient tellement dilatoires, qu'après avoir douté qu'il eût un inconscient j'en vins à douter qu'il pût éprouver le moindre sentiment pour quelqu'un. Même chose pour sa vie professionnelle. Comment gagnait-il sa vie ? D'où avait-il de l'argent ? Rien de précis à ce sujet. Il se prétendait artiste, ce que j'avais du mal à croire. Au gré des séances il pouvait être peintre, émule de Van Gogh et surtout de Kandinsky, dont il connaissait de mémoire les principaux écrits théoriques, ce qui occasionnait parfois de brillantes digressions sur le tableau accroché en face du divan. Il pouvait également être pianiste virtuose, disciple génial de Vladimir Horowitz ou de Glenn Gould, ou encore violoniste ou altiste inégalé, disciple de Gidon Kremer ou de Gérard Causse. Jamais, cependant, il n'avait exposé, jamais il ne s'était produit dans un concert. « Vous comprenez, expliquait-il, je suis un amoureux de l'art pour l'art. Il me suffit de pouvoir peindre ou de jouer une sonate de Beethoven pour être heureux. Personne ne connaîtra mes œuvres, elles disparaîtront avec moi. »

Ses revenus restaient donc un mystère. Pourtant il semblait vivre confortablement. Le prix des séances, que j'augmentais régulièrement, peut-être dans une intention dissuasive, ne l'effrayait pas. Il payait rubis sur l'ongle les honoraires extravagants que j'exigeais.

Bientôt, mon aversion pour lui devint de plus en plus difficile à maîtriser.

A mesure que les séances se succédaient, une idée se fraya un chemin dans mon esprit : j'avais affaire à un personnage immonde, à une sorte de salaud particulièrement retors. Cette idée s'imposa à moi avec la force d'une vérité. Certes, le qualificatif de salaud ne correspondait à aucune catégorie clinique, et on pouvait s'étonner qu'un analyste parlât ainsi d'un patient. Mais je ne trouvai pas d'autres manières de caractériser Günther Bloch. Un névrosé si on voulait, un pervers sûrement, un salaud à coup sûr.

Une telle situation ne pouvait s'éterniser.

Comme la plupart des analystes j'avais recours au contrôle d'un confrère. La possibilité d'exposer à un tiers le déroulement de mes thérapies me paraissait infiniment appréciable. Elle me permettait de rectifier une interprétation erronée ou de découvrir l'importance d'une idée ou d'un lapsus en apparence anodins. Je me rendais donc régulièrement chez Raoul Zlibovic, un vieil analyste chevronné, qui exerçait en face du centre Beaubourg. Longtemps, son cabinet fut un des plus courus de Paris. Maintenant qu'il approchait de la retraite, il se consacrait surtout aux contrôles et ne remplaçait plus les patients qui le quittaient. J'appréciais énormément Raoul Zlibovic. Son franc-parler, son inimitable accent hongrois, ses manières un peu vieillottes et son éternel nœud papillon en faisaient une figure pittoresque du mouvement analytique. Et, grâce à ses conseils avisés, j'avais pu dénouer plus d'une situation qui semblait dans une impasse totale.

Bien entendu, je lui fit part de mes problèmes avec Günther Bloch.

Ce que je lui racontai le laissa longtemps rêveur. Rompant enfin le silence, il me demanda doucement :

— Vous rendez-vous compte que vous êtes très loin de ce que Freud appelait la neutralité bienveillante ?

J'acquiesçai. Que pouvais-je faire d'autre ?

Il laissa passer un moment, puis reprit :

— Nous ne pouvons pas toujours choisir les malades qui nous conviennent... D'ailleurs, c'est préférable.

Nouvel acquiescement de ma part.

— Vous savez très bien, Michel, que l'analyste

soigne avec ce qu'il est, non avec ce qu'il sait. Votre patient vous insupporte pour des raisons liées à votre personnalité et à votre affectivité, ça crève les yeux.

Il posa une main sur mon épaule pour me signifier que l'entretien était terminé et ajouta en souriant :

— Voilà, mon cher Michel, nous sommes tous, tôt ou tard, confrontés à ce genre de situation. Les blocages ne sont pas forcément le fait du patient, ils peuvent être induits par l'analyste. C'est à lui de les lever. Si vous n'êtes pas en mesure de le faire, laissez tomber.

Ces paroles me laissèrent perplexe.

Sans doute Raoul Zlibovic avait-il raison. Si je ne pouvais pas prendre en charge Günther Bloch, autant abandonner la partie. Mais une fois de plus je songeai à Jacques Silbermann. Peut-être avait-il rencontré les mêmes difficultés que moi avec ce patient ? Tel que je le connaissais, il avait probablement analysé la situation, essayé de comprendre ce qui lui arrivait et cherché, au plus profond de lui-même, la réponse qui convenait. Et il avait eu raison : pourquoi s'avouer vaincu sans rien avoir tenté ? Tout cela fit qu'il me parut un peu prématuré de prendre une décision. Et puis, précisément parce que j'avais affaire à un sujet atypique, à un de ces patients que l'on rencontre rarement sur un divan, j'étais persuadé que je tenais l'occasion d'écrire une communication qui en imposerait à mes confrères.

Après plusieurs mois, l'analyse de Günther Bloch n'avait pas avancé d'un iota et je n'avais pas encore réussi à rédiger la moindre ligne sur lui.

C'est alors que j'aurais dû m'en séparer.

Je ne le fis pas.

Ce fut ma seconde erreur.

Je suis le ténébreux, le veuf, l'inconsolé,
Le prince d'Aquitaine à la tour abolie ;
Ma seule étoile est morte, et mon luth constellé
Porte le soleil noir de la mélancolie.

Il était allongé depuis une demi-heure et je craignais qu'il ne récitât *Les Chimères* en entier, lorsque la sonnette retentit.

Abandonnant Günther Bloch à sa poésie, j'allai ouvrir.

C'était Sébastien.

Le malheureux professeur arborait un air hagard. En nage, les cheveux défaits, portant un lourd cartable de cuir noir, encore plus décomposé que d'habitude, il était hors d'haleine et semblait éprouver toutes les peines du monde à retrouver son souffle.

Je jetai un regard éloquent à ma montre.

— Je sais, dit-il en retrouvant avec difficulté sa respiration. Le train... près d'une heure de retard à Charleville... mais j'ai voulu quand même tenter le coup.

Il ouvrit son cartable et en sortit, perdu parmi des paquets de copies et des manuels scolaires, un vieux porte-monnaie rouge, dont il tira deux cents francs.

— Voilà, je vous dois cette séance.

Je pris le billet et le rangeai dans mon portefeuille.

Sébastien me regarda d'un air un peu penaud. Sa mine déconfite en disait long sur l'étendue de sa frustration.

— Eh bien, ajouta-t-il, en se dirigeant vers la sortie, à jeudi donc, j'essaierai de ne pas être en retard.

— A jeudi, répondis-je.

En retournant dans mon cabinet, j'évitais de regarder Günther Bloch, je me rassis derrière lui et attendis.

Il en avait terminé avec Gérard de Nerval. Silencieux, parfaitement immobile, les mains posées bien à plat sur le divan, il ressemblait à un gisant. Brusquement, il se mit à ricaner.

— Vous l'avez jeté, l'autre minable ? s'enquit-il méchamment. Je parie que vous n'avez pas oublié de lui extorquer vos honoraires avant de le mettre à la porte.

Je sursautai. D'où tenait-il cela ?

— Vous vous demandez comment je le sais, n'est-ce pas ?

Cette fois-ci je m'abstins de toute réaction, mais ma curiosité était aux aguets et il le savait.

— Que voulez-vous, continua-t-il, il m'arrive parfois de prendre le train entre Charleville et Paris, on y fait des rencontres intéressantes, je vous assure.

Une brusque inquiétude m'envahit. Où voulait-il en venir ? Jusqu'à présent notre antagonisme était resté confiné dans les limites de mon cabinet, qu'il en sortît pour toucher d'autres patients ne laissait rien présager de bon. Sans doute aurait-il mieux valu arrêter la séance immédiatement, mais j'avais trop envie de connaître la suite, et puis je crus noter une sorte de changement, quasi imperceptible, dans l'attitude de Günther.

J'étais pourtant loin de m'attendre à ce qui allait suivre.

— Depuis que je viens vous voir, commença-t-il d'une voix à peine audible, je me moque de vous... Vous vous en doutez parfaitement d'ailleurs. Je raconte n'importe quoi. Il n'est pas une séance où je ne vous ai mené en bateau. Il est temps pour moi de vous apprendre la vérité.

Il se tut, comme pour mieux juger de l'effet qu'il venait de produire. Je ne manifestai aucun réaction particulière, et un long moment se passa au cours duquel on entendait vibrer le silence.

Enfin, il se décida :

— D'abord, il importe de rétablir une vérité. Je vous ai raconté que ma femme et moi étions séparés.

Un temps, puis :

— C'est faux, je suis veuf.

Je ne répondis rien et il ajouta :

— Ma femme est morte, et bien morte. J'en sais quelque chose… puisque c'est moi qui l'ai tuée.

2

Je me sentis blêmir.

Que cet homme fût un assassin correspondait pourtant à l'idée que je me faisais de lui, mais j'étais loin de m'attendre à une telle confidence.

Ma réaction ne lui échappa guère.

— Ça vous étonne, hein ? remarqua-t-il sur un ton presque jubilatoire. Un paisible rentier, aux allures de croque-mort, s'accusant de meurtre, incroyable, non ? Vous devez me prendre pour un mythomane.

Mais, aussitôt, il se ravisa. Décidément, il ne fallait pas le sous-estimer, il pouvait faire preuve d'une redoutable finesse.

— Mais non, vous me croyez, dit-il. C'est même la première fois que vous me croyez. Vous êtes tellement persuadé que je suis un salaud... Mais vous avez raison, je suis un salaud et un assassin.

Il se mit à rire doucement.

— Que peut faire un analyste lorsqu'un de ses patients lui confesse un crime ? Le dénoncer à la police ? Je suis sûr que vous êtes en train d'y penser.

Mais vous êtes un médecin et, en tant que tel, astreint au secret médical.

Puis se tournant vers moi, il ajouta :

— Il y a toujours une marge d'incertitude, vous ne croyez pas ? Peut-être suis-je un assassin, peut-être n'en suis-je pas un. Comment être sûr ? Je vous ai déjà tellement mené en bateau. Vous auriez bonne mine si, après m'avoir dénoncé à la police, il s'avérait que je suis un vulgaire mythomane et que mon épouse se porte aussi bien que vous et moi.

Cette fois, il éclata franchement de rire.

— Imaginez le tableau ! Un psychanalyste viole le secret médical et accuse son patient d'assassinat ! Après vérification, on découvre que l'analyste s'est fait berner par son patient ! La presse en ferait des gorges chaudes. Belle publicité pour la psychanalyse et surtout pour votre carrière. Qu'en dites-vous docteur Durand ?

Je n'en disais rien du tout et il continua :

— Voici quelques précisions qui vous seront utiles. Après avoir tué Laura — c'était le nom de ma femme —, il m'a paru avisé de signaler sa disparition à la police. Seul un innocent peut faire une démarche pareille. Je suis donc allé dans un commissariat. Vous savez, là-dedans, on se croirait à la Sécurité sociale, on vous reçoit par ordre d'arrivée.

Cette comparaison l'amusa énormément.

— Imaginez une salle d'attente remplie d'assassins, patientant sagement jusqu'à ce qu'on vienne les appeler ! C'était pourtant le cas. Il est vrai que je ne venais pas me dénoncer pour un crime, mais seulement signaler la disparition de mon épouse. Dans la salle d'attente, il y avait un journaliste. Mon histoire l'a intéressé. Il était en quête de faits divers, mais c'était le début de l'été et, à part les départs en vacances et les embouteillages sur les routes, il n'avait pas grand-chose à se mettre sous la dent. Faute de mieux, il a suivi mon affaire et, quelques jours plus tard, son article paraissait dans *Le Parisien*. C'était dans un numéro de l'an dernier, daté du 19 juillet. Vous n'aurez qu'à vérifier.

Brusquement, il se leva.

— La séance a suffisamment duré, n'est-ce pas votre avis, docteur ?

Je me levai à mon tour, un peu déconcerté par cette interruption. Il déposa mille francs sur mon bureau et me tendit une main molle.

— Rappelez-vous, *Le Parisien* du 19 juillet 1990.

Puis, après un dernier regard sur *Le 24e Jour*, il quitta mon cabinet.

Je ne le raccompagnai pas jusqu'à la sortie. Il connaissait le chemin.

Une fois seul, je constatai que j'étais en nage et que mes mains étaient agitées d'un léger tremblement.

Je posai ma veste sur le fauteuil, desserrai ma cravate et allai fumer une Lucky Strike à la fenêtre. Le tabac pénétrant par larges bouffées dans mes poumons me fit le plus grand bien. Dehors, il faisait chaud, le ciel était d'un bleu resplendissant. Bien que nous fussions seulement au milieu du mois de mai, l'anticyclone s'était imposé durablement et avait transformé le printemps en saison quasi caniculaire. En bas, j'aperçus Günther qui hélait un taxi. Avant de s'engouffrer dans la voiture, il leva les yeux dans ma direction et, me voyant à son tour, me fit un petit signe, comme si nous étions de vieux amis et que nous venions de passer un agréable moment ensemble.

Je m'éloignai de la fenêtre.

Cette histoire m'avait troublé beaucoup plus que je ne l'aurais cru. Un assassin ! Venant de Günther, ce pouvait être crédible, mais ce que je comprenais moins, c'était ce qu'il venait faire chez moi. S'il avait tué Laura Bloch, pourquoi venir le raconter sur un divan ? L'analyse s'attache à l'imaginaire des gens, non à la réalité de leurs actes. Un jour, un magistrat avait demandé à Freud de psychanalyser un authentique parricide. Freud avait répondu que c'était impossible puisque l'individu avait réellement tué son père. « Votre homme m'aurait intéressé, avait-il expliqué en substance, s'il s'était senti coupable de ce crime, sans l'avoir commis. »

Coup de sonnette. Le temps d'éteindre ma cigarette, de remettre ma veste, de resserrer ma cravate et j'allai ouvrir.

C'était Gabriel, toujours égal à lui-même, à peine essoufflé par les quatre étages gravis d'une traite — il méprisait les ascenseurs —, le regard franc et loyal, la carrure athlétique, exagérément mise en valeur, et les manières lourdement viriles.

Professeur d'éducation physique jusqu'au bout des ongles.

En me voyant, il me gratifia d'un large sourire et d'une poignée de main pulvérisante, fila dans mon cabinet, s'allongea en souplesse et, sans la moindre transition, reprit son histoire où il l'avait laissée la séance précédente. C'est-à-dire aux femmes. Aucune ne lui résistait. Sa carrure, ses muscles, son visage régulier et poupin faisaient merveille. C'était d'ailleurs tout ce qui faisait merveille chez lui. Pour l'essentiel, il avait beau acheter tous les stimulants existants, suivre tous les traitements médicaux possibles, procéder à tous les raffinements érotiques imaginables, rien n'y faisait et chaque fois il connaissait la même déconfiture.

Difficile de concevoir plus monotone répétition. Finirait-il par comprendre que son désir le portait en réalité vers les hommes ? On pouvait en douter. Rien n'entamait son credo hétérosexuel ni son espoir de bander un jour grâce à mon écoute flottante.

J'écoutais donc ses mésaventures d'une oreille distraite, mes pensées revenant inexorablement à Günther. Pourquoi m'avait-il raconté une telle histoire ? Qu'attendait-il de moi ? Car je ne doutais pas qu'il eût une idée derrière la tête. A supposer qu'il fût vraiment un assassin, il n'était certainement pas venu pour essayer de comprendre le sens ou pour surmonter la culpabilité de son acte. D'ailleurs, il n'en éprouvait aucune. Freud avait vu juste, un véritable meurtre n'est pas l'affaire du psychanalyste, mais celle du policier et du juge. Pourtant, sur un point, Günther avait raison : l'incertitude demeurait. Il était fort possible que j'eus affaire à un mythomane particulièrement retors. Dans ce cas, j'aurais effectivement eu bonne mine à avertir la justice.

Sur le divan, Gabriel s'embrouillait dans une histoire compliquée, où il était question d'une partenaire qui multipliait les agaceries sans parvenir au moindre résultat avec lui.

— Continuez, dis-je machinalement.

Mon intervention le surprit.

— Comment cela, docteur ? demanda-t-il. Vous me conseillez de continuer de cette façon ?

En fait, je n'avais pas la moindre idée de ce qu'il devait continuer.

Devant mon silence, il eut une longue hésitation, puis reprit son récit comme si de rien n'était, et j'eus droit à l'exposé complet des facéties de son amie. Peut-être cherchait-il à me séduire ou à m'exciter en s'éternisant sur ce genre de détails ?

Mais je m'en moquais ; d'autres questions me préoccupaient. En particulier, je ne comprenais pas pourquoi Günther m'avait, à deux reprises, invité à consulter *Le Parisien*. Ce quotidien mentionnait-il vraiment la disparition de Laura Bloch ? La tentation était forte de m'en assurer, mais ce n'était pas à moi de le faire. En me comportant ainsi, je sortais de mon rôle d'analyste. La situation me paraissait déjà assez délicate pour ne pas en rajouter.

Finalement, après force réflexions, je parvins à me convaincre que Günther était un mythomane doublé d'un manipulateur. Il importait de se garder de ses pièges, et donc de prendre ses affirmations pour argent comptant.

— Bien, monsieur, dis-je en me levant.

Etonné, Gabriel s'interrompit net. Il lui fallut quelques instants pour reprendre ses esprits, puis il se leva, posa ses quatre cents francs sur mon bureau et me tendit la main.

Je m'en voulus d'avoir été aussi désinvolte avec lui, aussi le raccompagnai-je jusqu'à la sortie.

Le rendez-vous suivant était un premier entretien. Une femme, particulièrement angoissée, m'avait appelé, deux jours auparavant, de la part d'un de mes anciens patients. Nous étions convenus de nous voir en fin d'après-midi. Mais l'heure était largement passée et je commençai à douter qu'elle vînt.

J'allai fumer une nouvelle Lucky Strike à la fenêtre. De nouveau, le tabac emplit mes poumons avec délice. Dehors, la chaleur avait fait le vide et, à part un couple de lycéens qui s'embrassaient sur un banc en face du *Jean-Bart*, l'avenue Trudaine était presque déserte. Parmi les rares passants qui avançaient en traînant le pas j'essayai de découvrir mon rendez-vous, mais personne n'entra dans mon immeuble. Bientôt la canicule eut raison des derniers passants et même du jeune couple. J'éteignis ma cigarette et refermai la fenêtre.

Il était maintenant six heures passées.

Inutile d'attendre davantage. Je branchai le répondeur téléphonique et quittai le cabinet.

Mon appartement se trouvait à l'étage en dessous.

C'était un endroit que j'appréciais énormément. Son luxe et son calme attestaient ma réussite professionnelle.

Il est vrai que j'avais travaillé durement pour en arriver là.

Mes parents, de modestes commerçants, avaient consenti de lourds sacrifices pour payer mes études.

Je ne les avais pas déçus.

A vingt-trois ans, j'avais achevé ma médecine, et j'hésitai alors entre plusieurs spécialisations sans être vraiment tenté par aucune. Pour des raisons personnelles, j'entrepris une analyse qui devait durer plusieurs années. De là émergea mon désir de devenir analyste à mon tour. Je m'inscrivis à l'Ecole freudienne de Paris, où je suivis avec enthousiasme l'enseignement de Jacques Lacan. Dans le même temps, je terminai mon internat de psychiatrie.

Après la dissolution de l'Ecole freudienne et la mort de Lacan, je m'intégrai dans l'une des multiples associations psychanalytiques qui s'étaient créées. Puis j'ouvris un cabinet et n'eus aucune difficulté à me constituer une clientèle. J'étais alors un des plus jeunes analystes de France et mes parents n'étaient pas peu fiers de moi. Mes activités furent multiples : articles dans des revues spécialisées, séminaires prestigieux, exercices en milieu hospitalier et dans un dispensaire de psychiatrie infantile et, bien entendu, les patients que je recevais chez moi. Comme beaucoup de mes confrères, je conjuguais donc une pratique libérale et publique, des publications et un travail théorique dont on salua la qualité.

A la mort de mes parents, j'héritai de leur trois-pièces de l'avenue Trudaine et, à ma grande surprise, d'un substantiel pactole. Non seulement ils s'étaient privés pour payer mes études mais ils avaient épargné pour m'offrir une existence confortable.

Je confiai l'argent à un agent de change. Des placements avisés le firent fructifier au-delà de toute espérance.

Quant au trois-pièces, je le reçus avec autant d'émotion et de respect que s'il se fût agi d'une demeure ancestrale. Par la suite, je rachetai les deux appartements qui se trouvaient sur le même palier et — outre le studio pour mes consultations — je devins ainsi le propriétaire d'un vaste huit-pièces. Sans doute parce que je retrouvai le quartier de mon enfance, à la frontière du IXe et du XVIIIe arrondissement, je m'attachai plus que de raison à cet appartement, auquel je consacrai une part importante de mon temps et de mes revenus.

Rien ne m'excitait davantage, par exemple, que de courir les antiquaires pour découvrir un meuble rare, l'encadrement qui convenait à un tableau ou le vase qu'il fallait poser sur tel guéridon.

C'est pourquoi j'acceptais toujours un patient supplémentaire ou une nouvelle vacation dans un hôpital. Outre l'intérêt professionnel et scientifique de ces activités, les honoraires que j'en percevais me permettaient d'acquérir le vase imari, le lustre de cristal, le bronze du XVIIIe siècle dont j'avais envie ou encore d'assurer la réfection d'un mur, d'un plafond, ou de faire installer des fenêtres à la française dans le salon.

Certes, mon appartement n'était pas du goût de tout le monde. D'aucuns le trouvaient un peu trop tape-à-l'œil, parlaient de « trois cents mètres carré de cossu », ou même le comparaient aux pages publicitaires de *Vogue* ou d'*Art et Décoration*. Mais cet endroit me plaisait ainsi ; il offrait une telle sensation d'espace et de plénitude que j'aurais pu y rester des semaines sans mettre le ncz dchors. A lui seul le salon, avec son papier peint en trompe-l'œil de cuir de Cordoue, ses tons sépia, son atmosphère feutrée et intime due pour une large part aux épais tapis d'Orient, aux meubles de Chine laqués et aux lourdes tentures de laine et de soie, suffisait à me faire oublier les critiques les plus déplaisantes.

Témoin de ma réussite professionnelle, cet appartement le fut aussi de mon infortune conjugale.

Quelques années plus tôt, j'avais rencontré Florence. Analyste de haut niveau, ses réflexions théoriques et cliniques lui avaient valu une grande notoriété. Mais elle n'était pas seulement une brillante intellectuelle. Grande, blonde, avec des yeux noirs, vifs et pénétrants, toujours bronzée — elle semblait perpétuellement revenir des Caraïbes —, c'était également une femme très séduisante, avec une classe folle et qui, mieux que personne, savait allier intelligence et distinction.

Nous nous plûmes immédiatement et nous nous mariâmes sans attendre. Sans doute parce que Florence était d'abord une femme de tête, le plus clair de notre temps se passa en réflexion théorique. Jacques Silbermann, qu'elle connaissait bien, participa à l'élaboration de certaines de nos communications. Cette période, grâce à Florence, fut assurément la plus féconde de mon existence.

En même temps, nous éprouvions une forte attirance physique l'un pour l'autre et nous ne manquions pas une occasion de faire l'amour. Mon plus grand plaisir, après un article dont nous étions particulièrement satisfaits, était de l'aimer sur le canapé anglo-chinois du salon et de regarder nos ébats dans les miroirs vénitiens aux incrustations de lapis-lazuli qui lui faisaient face.

Mais tout a une fin, même le bonheur.

En réalité, nous étions trop différents pour pouvoir nous supporter bien longtemps. Rapidement, nos divergences de caractère et d'intérêt se révélèrent insurmontables. Florence m'apparaissait trop préoccupée par sa carrière. Certes, ses travaux faisaient autorité dans le petit monde de la psychanalyse, en particulier ses recherches théoriques avec Jacques Silbermann. Mais son ambition me la rendait parfois odieuse. J'avais le sentiment qu'elle aurait pu écraser l'univers entier pour arriver. De son côté, elle me trouvait trop casanier, pas assez porté sur le risque et la réussite. Elle me reprochait de vivre sur mes acquis et de tirer vanité des quelques articles que j'avais écrits au point d'en devenir, selon elle, un insupportable donneur de leçons. En outre, l'attention que je portais à mon appartement et ma manie de traîner chez les antiquaires lui tapaient singulièrement sur les nerfs.

— Ce n'est pas moi que tu aurais dû épouser, mais ton foutu huit-pièces de merde ! s'écria-t-elle un jour qu'elle avait perdu patience.

Malgré cela, nous eûmes un enfant que nous appelâmes Mathieu.

Cela n'améliora pas la situation. Au contraire, Florence était de moins en moins disponible. Les congrès, les séminaires, les communications, les mondanités analytiques, les patients accaparaient tout son temps. Les disputes se succédèrent et aussi les infidélités. Bientôt, notre vie commune perdit tout sens et, Mathieu faisant les frais de nos dissensions, nous résolûmes de nous séparer.

Si la psychanalyse ne met pas à l'abri des avatars de l'existence, du moins peut-elle aider à les surmonter. Notre divorce se passa le mieux du monde. Il fallait d'abord songer à Mathieu. Nous organisâmes son existence entre nous deux d'un commun accord. Chacun vivait à sa guise, mais lorsque Mathieu était là, tout le reste, vie privée ou professionnelle, était relégué au second plan.

Curieusement, ce que nous avions raté dans le mariage, nous le réussîmes dans le divorce.

Après notre séparation, je songeai à déménager, mais je ne pus me résoudre à quitter mon appartement.

Outre mes revenus, je disposai d'un portefeuille d'actions de plusieurs centaines de milliers de francs, aussi pouvais-je payer le crédit de mon appartement. Je fis un nouvel emprunt pour en continuer l'aménagement. Ma banque y consentit. Mes gains et surtout mes actions constituaient à ses yeux une garantie suffisante.

Malheureusement, grisé par le succès de ses placements, mon agent de change se lança dans des investissements hasardeux. Mes actions fondirent comme neige au soleil, et un jour il apparut que mon capital boursier et l'hypothèque de mon appartement ne suffisaient plus à garantir les différents prêts qu'on m'avait consentis.

Je fus donc convoqué à mon agence.

Le responsable de mon compte me recevait ordinairement avec beaucoup de courtoisie. Ce jour-là, il fut on ne peut plus mal à l'aise. Il évitait de me regarder et transpirait à grosses gouttes.

— Vous comprenez, monsieur Durand, me dit-il en triturant nerveusement son stylo à bille, depuis que vous avez perdu vos actions, votre appartement ne peut garantir à lui tout seul vos crédits... et vous nous devez encore neuf cent mille francs.

— Vous sous-estimez la valeur réelle de cet appartement. Vous savez bien qu'il vaut beaucoup plus que vous ne l'affirmez.

— Certes, monsieur Durand, mais nous avons nos barèmes.

— Pouvez-vous m'accorder un crédit pour couvrir cette dette ?

Il ouvrit de grands yeux.

— Vous plaisantez, monsieur Durand ! Vous ne pouvez tout de même pas emprunter de l'argent pour couvrir vos emprunts. Quelles garanties avez-vous à nous offrir ?

— Mes revenus ! Ils sont tout de même importants, non ?

— C'est vrai, mais il faut compter le remboursement de vos différents crédits et le fait que vous n'avez plus, pour vous y aider, les intérêts que rapportaient vos actions.

— Combien pourriez-vous me prêter ?

Ma question le mit encore plus mal à l'aise.

— Impossible à dire. Il faut d'abord en parler à la direction.

— Indiquez-moi un chiffre.

— Je ne peux pas. Mais si, de votre côté, vous pouviez faire un versement, cela arrangerait les choses.

Je réfléchis un moment. Il y avait la BMW que je pouvais revendre. Elle ne m'était pas utile, et Florence m'avait laissé sa 205 que je pouvais utiliser en cas de besoin. Si, en outre, j'arrivais à faire un emprunt à la Caisse mutuelle des médecins, il me serait alors possible d'effectuer un versement et de négocier un nouveau prêt.

— Je pense que ça peut se faire, répondis-je.

— Quand ?

— Donnez-moi une quinzaine de jours, au maximum.

Il hésita. La décision ne semblait pas facile à prendre.

— Entendu, monsieur Durand, finit-il par dire. Quinze jours, pas davantage. Votre situation doit être clarifiée au plus vite, sinon il faudra reconsidérer la situation sous un autre angle.

En d'autres termes, cela signifiait la saisie. Et le

seul bien qu'on pouvait saisir, c'était mon appartement.

— Vous savez, ajouta-t-il en me reconduisant, vous devriez revendre. Votre appartement vaut beaucoup plus cher que nous ne l'estimons. Ainsi, vous pourriez rembourser vos emprunts et vous constituer un nouveau capital.

C'eût été l'option la plus raisonnable. En outre, mon découvert prenait des allures de gouffre. Après le départ de Florence, j'avais refait certaines pièces. En particulier son cabinet d'analyste que j'avais transformé en pièce pour le bridge. La table Colombo et les chaises Castiglioni que j'y avais installées coûtaient les yeux de la tête. Cela n'avait pas arrangé mes finances.

Il importait donc de remédier au plus vite à ce déficit.

Voilà où j'en étais lorsque, après avoir fermé mon cabinet, j'étais redescendu chez moi.

Je commençai par me servir un scotch, puis je m'installai sur le canapé du salon pour écouter les messages sur mon répondeur téléphonique. Il y avait de nombreux appels, en particulier de confrères m'informant des diverses sessions, colloques et groupes de réflexion psychanalytiques. Je trouvai également des messages de gens intéressés par la BMW, mise en vente quelques jours plus tôt, et un appel de Florence pour me proposer de dîner avec elle en fin de semaine.

Je pris mon agenda et notai les informations de mes collègues. Puis j'appelai Florence. Bien entendu, je tombai sur son répondeur, je laissai un message lui indiquant un rendez-vous à *La Closerie des lilas*.

Ensuite, je me servis un autre scotch, allumai une Lucky Strike et, m'allongeant sur le canapé, concentrai mon attention sur l'étonnant périple que la fumée accomplissait à l'intérieur de mes poumons avant de s'échapper, par mes narines, en volutes bleue pâle qui montaient doucement vers les moulures du plafond.

Un moment plus tard, on sonna.

J'allai ouvrir. Un homme d'une trentaine d'années se tenait devant la porte, *L'Auto Journal* sous le bras.

— Monsieur Durand ?

— C'est moi, je suppose que vous venez pour l'annonce.

Il acquiesça et nous nous rendîmes directement au parking. La voiture parut lui convenir. Il voulut l'essayer ; je m'installai à côté de lui pendant qu'il prenait le volant et nous nous dirigeâmes vers le boulevard périphérique. Pendant près d'une heure, il roula à tombeau ouvert, faisant hurler les vitesses pour tester les reprises.

Au retour, il était convaincu.

— Il faudra revoir le système de freinage, dit-il simplement. Les freins sont un peu mous.

Cette remarque me surprit. La voiture avait été révisée la semaine précédente. Sans doute cherchait-il à discuter le prix, ce qui ne manqua pas de se passer.

— Je vous en propose cent mille francs, dit-il, cinquante mille francs en chèque certifié et cinquante mille francs en liquide, ça vous convient ?

C'était un peu moins que le prix indiqué dans l'annonce, mais j'acceptai. Nous montâmes chez moi remplir l'acte de vente et, une demi-heure plus tard, je vis, par la fenêtre, la BMW s'éloigner et disparaître dans la rue de Dunkerque.

Je rangeai l'argent dans un tiroir. En d'autres circonstances, il m'aurait permis d'acheter le tapis au point de la Savonnerie dont j'avais une si grande envie, mais j'avais intérêt à être raisonnable. Ces cent mille francs plus l'emprunt que j'avais sollicité à la Mutuelle des médecins me permettraient de négocier en meilleure position un crédit auprès de ma banque.

Ce fut donc dans d'excellentes dispositions que je dînai au restaurant en bas de chez moi et que j'allai ensuite me coucher, en oubliant complètement Günther Bloch et ses rocambolesques révélations.

Le lendemain, j'arrivai au dispensaire de pédopsychiatrie vers dix heures et demie.

Il se trouvait dans une petite rue, proche du boulevard de Belleville. Les enfants que nous y recevions nous étaient adressés par des enseignants et des éducateurs, parfois par des médecins généralistes ou hospitaliers. Nombre d'entre eux présentaient des troubles du comportement. Il s'agissait de les assister psychologiquement et d'intervenir, selon les cas, dans leurs écoles, dans leurs familles ou auprès du juge pour faciliter leur insertion sociale.

La diversité de ce travail, le fait de former une équipe, avec des psychologues, des assistantes sociales, des orthophonistes et d'autres psychiatres, constituaient pour moi un heureux changement par rapport à l'exercice solitaire et parfois étouffant de la psychanalyse privée.

En outre, je m'occupais de psychothérapies d'enfants, activité que j'appréciais énormément, malgré, ou plutôt en raison de sa difficulté. Dans plusieurs de mes articles, j'avais eu l'occasion d'en expliquer l'immense intérêt. En effet, les règles de l'analyse, valables pour les adultes, l'étaient beaucoup moins avec des enfants. On les voyait mal s'étendre sur un divan et associer librement leurs idées. Aussi était-ce par le jeu, par le dessin ou encore par le modelage que je m'efforçais d'accéder à l'imaginaire de mes jeunes patients et de comprendre leurs problèmes inconscients. Ce que je découvrais alors était une source d'émerveillement permanent. Leur monde était d'une richesse extraordinaire. Freud pensait que le rêve était la « voie royale de l'inconscient », il aurait pu ajouter que l'enfant en était le guide génial, pour qui se donnait la peine de le suivre.

La plupart du temps, je travaillais avec Rachel.

Cela faisait seulement deux mois qu'elle était au dispensaire et son arrivée n'avait pas ravi tout le monde. Mais, contre l'avis d'une partie de l'équipe qui la trouvait un peu trop gravure de mode pour une psychologue, Henry Siemsky, le médecin-chef, s'était montré d'emblée bien disposé à son égard.

— Je suis persuadé qu'elle fera du très bon travail, avait-il plaidé. Et puis, elle est jeune et agréable à regarder, elle contribuera à améliorer notre image dans le quartier.

Malgré son âge avancé, Siemsky avait un penchant très marqué pour les jolies femmes. Et il est vrai que Rachel était séduisante. Elle devait approcher la trentaine. Grande, brune, avec des cheveux courts et des yeux bleus qui ne laissaient personne indifférent, elle avait un sens indéniable de l'élégance et s'habillait la plupart du temps de couleurs vives, ce qui introduisait une note de gaieté dans notre milieu professionnel un peu trop enclin à l'austérité.

Aussi, tout le monde pensa que le point de vue de Siemsky était moins dicté par des considérations professionnelles que par cette galanterie un peu vieille France dont il était si souvent coutumier.

Pourtant, il ne s'était pas trompé. Très rapidement, Rachel réussit à s'imposer, autant par sa gentillesse que par ses qualités professionnelles. Elle n'avait pas son pareil pour écouter les enfants, apaiser les plus perturbés et se mettre au diapason de leur imaginaire, souvent fantasque et complexe. Bientôt, l'unanimité se fit pour reconnaître ses mérites et elle fut admise dans l'équipe le plus naturellement du monde.

Quant à moi, j'appréciai Rachel autant pour sa compétence en matière de psychothérapies d'enfants que pour la qualité de sa présence.

En fait, dès que je l'avais vue, j'avais été conquis par elle et je m'étais immédiatement rangé à l'avis de Siemsky. Il est toujours difficile d'expliquer une attirance. Comme le médecin-chef, je trouvais Rachel bien faite de sa personne, élégante et agréable à regarder. En outre, il y avait chez elle une telle manière d'être intelligente ou de s'adresser aux gens que l'on se plaisait tout de suite en sa compagnie. Le plaisir que j'éprouvais à la rencontrer devint bientôt réciproque et une véritable complicité s'établit entre nous.

La journée au dispensaire passa avec une étonnante rapidité.

En fin d'après-midi, après avoir effectué avec Rachel le bilan des psychothérapies de la journée, je dictai à Sylvette, la secrétaire, du courrier administratif, puis je quittai le dispensaire en début de soirée pour me rendre à une séance de contrôle chez Zlibovic.

Lorsque j'arrivai en vue de son immeuble, je m'aperçus que je m'étais trompé sur l'heure de notre rendez-vous et que j'avais une heure d'avance.

Acte manqué ? Toujours est-il que je me sentis déconcerté par cette erreur et que, ne sachant de quelle manière employer ce temps, je me dirigeai vers le Centre Georges-Pompidou.

C'est alors que les paroles de Günther me revinrent en mémoire : « *Le Parisien* du 19 juillet 1990, m'avait-il dit en me quittant, pensez à le consulter. »

Rien n'était plus simple, la bibliothèque du Centre était à deux pas. Il suffisait de m'y rendre et de demander les journaux de l'année précédente.

Mais je repoussai énergiquement cette idée. Je m'étais fixé une ligne de conduite pour éviter les pièges de Günther et j'étais déterminé à m'y tenir.

C'était du moins ce que je croyais.

Un moment plus tard, l'employée de la bibliothèque revint avec un rouleau de microfilms sous le bras.

— Le numéro du *Parisien* que vous cherchez se trouve sur ce film, dit-elle en souriant. Venez, je vais vous montrer comment on procède.

Elle me conduisit à une table où se trouvait une visionneuse, y installa le film et m'expliqua le fonctionnement de l'appareil.

— La manette du bas sert à faire avancer le film et celle du haut à revenir en arrière, expliqua-t-elle avant de me quitter.

Je suivis ses indications et, bientôt, je fus en vue de la date indiquée par Günther : lundi 16 juillet 1990, mardi 17, mercredi 18...

Brusquement, je lâchai la manette de défilement. C'était absolument indéfinissable, mais, d'un seul coup, j'eus la conviction que Günther était dans la bibliothèque.

Je redressai la tête et je l'aperçus devant moi. Il était vêtu de son éternel costume gris et me regardait en ricanant. Dans son regard, il y avait une expression de triomphe qui me fut insupportable.

Incapable de me contrôler, je bondis de mon siège et me précipitai vers lui. En me voyant courir dans sa direction, il détala à toute vitesse. Je n'hésitai pas et je m'élançai à sa poursuite. La peur semblait lui donner des ailes, il fonçait entre les tables, visiblement désireux d'atteindre la sortie. Soudain, il bouscula une jeune femme qui revenait des rayonnages, les bras chargés de livres. Sous la violence du choc, cette dernière perdit l'équilibre et les livres se répandirent sur le sol. Une rumeur s'éleva de la bibliothèque. Mais les deux gardiens qui surveillaient la sortie furent témoins de la scène. Ils se précipitèrent sur Günther et, avant qu'il ait pu réagir, l'avaient ceinturé. Tous les regards convergèrent vers eux. Günther se débattait tel un beau diable, sans parvenir à se libérer. Soudain, il réussit à dégager un bras et me montra en criant :

— C'est lui ! Je vous dis que c'est lui !

Un des surveillants se dirigea vers moi.

— C'est vous qui faites du scandale ?

Je me préparai à répondre lorsque la stupeur me cloua sur place. L'homme qu'ils avaient ceinturé n'était pas Günther. Il était vêtu de la même façon, avait à peu près la même taille, mais ce n'était pas lui. Il était beaucoup plus jeune, n'avait pas de diamant à l'oreille gauche et si son visage pouvait présenter une vague similitude avec celui de Günther, il était impossible de les confondre.

L'homme était furieux.

— C'est lui, je vous dis. Il s'est précipité vers moi, c'est un fou... J'ai cru qu'il allait me frapper.

— Qu'est-ce que c'est que cette histoire ? s'enquit le surveillant.

— C'est... c'est une lamentable erreur, expliquai-je, d'une voix mal assurée. Je... j'étais en train de travailler à une table... lorsque j'ai cru reconnaître un de mes amis.

— C'est faux ! hurla l'homme. Je vous dis qu'il voulait me frapper. S'il m'avait rejoint, il m'aurait écrabouillé.

— Vos papiers ! ordonna le surveillant.

Je lui montrai ma carte professionnelle.

En voyant que j'étais médecin, il s'adoucit.

— C'est bon, dit-il, vous pouvez retourner à votre table... Et la prochaine fois, faites attention.

Après avoir présenté mes excuses à l'homme, je retournai à ma visionneuse.

Je ne pus réprimer une réaction de surprise.

Sur l'écran s'affichait *Le Parisien* du 19 juillet 1990.

Pourtant, j'avais interrompu ma recherche au 18. J'en étais sûr, il n'y avait aucun doute possible à ce sujet. Mais ma stupéfaction atteignit son comble lorsque je m'aperçus que le défilement était précisément arrêté sur l'article que je cherchais.

C'était incompréhensible.

Cependant, il fallait se rendre à l'évidence. A côté de la photo d'une jeune femme brune, souriant un peu tristement, et sous laquelle était écrit *Laura Bloch*, un article, intitulé : « Le poignard ou la valise ? » faisait bien référence à Günther Bloch.

Je me tournai vers ma voisine, qui était occupée à noter ce qu'elle lisait sur sa visionneuse.

— Excusez-moi, dis-je, est-ce que quelqu'un a touché à cet appareil en mon absence ?

Sans doute avait-elle vu ce qui s'était passé avec les gardiens, parce qu'elle fut prise de panique, comme si je me préparais à lui sauter dessus.

— Je... je vous assure que... que je n'ai touché à rien, bredouilla-t-elle, affolée.

— J'en suis persuadé, ce que je veux savoir, c'est si quelqu'un d'autre a touché à cet appareil.

Voyant que mes intentions n'avaient rien de belliqueux, elle se calma et réfléchit quelques instants.

— Non, finit-elle par dire, je n'ai vu personne. J'étais en train de travailler, mais je crois que si quelqu'un était venu je m'en serais aperçue.

Je la remerciai. Peut-être, avais-je fait défiler le microfilm jusqu'à cet article, mais je n'en avais pas le souvenir. Maintenant que je l'avais sous les yeux, autant le lire.

Les faits étaient rapportés dans un style légèrement ironique.

LE POIGNARD OU LA VALISE ?

C'est entre les deux termes de cette alternative qu'ont hésité les policiers. Hésitation qui a bien failli coûter la liberté à M. Günther Bloch, paisible rentier de cinquante-cinq ans, demeurant dans un pavillon d'Argenteuil.

Le lundi 9 juillet 1990, M. Günther Bloch se présentait au commissariat de son quartier pour signaler la disparition de son épouse, Laura Bloch, d'une trentaine d'années plus jeune que lui. Elle n'aurait pas reparu au domicile conjugal depuis une semaine et il craignait qu'il lui fût arrivé malheur. Les policiers enquêtèrent auprès du voisinage. Selon certains témoignages, une semaine plus tôt, M. Bloch aurait eu une terrible altercation avec son épouse. Dans la nuit du 2 au 3 juillet, la dispute aurait atteint son paroxysme et des voisins prétendirent avoir entendu Mme Laura Bloch appeler au secours, comme si « on était en train de la poignarder ». Interrogé, M. Bloch se troubla et reconnut qu'effectivement il y avait eu une dispute. Depuis longtemps, il soupçonnait sa femme d'avoir un amant. Ce que confirmèrent d'ailleurs de nombreux voisins qui avaient souvent vu Mme Laura Bloch en compagnie d'un autre homme. Ce soir-là, il en aurait eu la certitude. « Mais, expliqua-t-il, je ne lui ai fait aucun mal. Je lui ai seulement reproché sa conduite... et je l'ai un peu menacée, mais c'est tout. »

Méfiants, les policiers placèrent M. Bloch en garde à vue. Mais très vite leurs soupçons se révélèrent injustifiés. En effet, Mme Bloch avait été aperçue, le lendemain, quittant son domicile avec une valise. Elle avait profité de l'absence de son mari pour prendre des vacances... en compagnie de son amant qui l'attendait un peu plus loin, à un arrêt d'autobus. L'enquête conduisit les policiers jusqu'à l'aéroport de Roissy, où l'on retrouva des réservations à leurs noms dans un avion en partance pour... Rio de Janeiro. L'hôtesse de l'air fut formelle lorsqu'on lui présenta une photo de Laura Bloch. Il s'agissait bien de la jeune femme. Même chose pour l'agent des douanes, le passeport qu'il avait visé était bien au nom de Laura Bloch et il n'y avait aucun doute sur l'identité de la personne qui l'avait présenté. L'homme qui l'accompagnait était un Brésilien nommé Anton Das Mangas. M. Bloch fut donc relâché, et l'affaire classée.

Espérons que M. Bloch saura gré aux policiers d'avoir

retenu l'hypothèse de la valise plutôt que celle du poignard. La solitude portant conseil, peut-être aura-t-il, lui aussi, la sage idée de faire sa valise et de partir à la recherche d'une compagne plus fidèle et plus assortie à son âge ?

3

— Même si cela vous a rassuré, c'était une erreur de vérifier les dires de votre patient.

Manifestement Zlibovic n'appréciait pas ma démarche à la bibliothèque.

D'un point de vue psychanalytique, il était difficile de lui donner tort. Pourtant, je me sentais soulagé d'avoir découvert qui était réellement Günther Bloch. Je l'avais sincèrement cru capable de commettre un assassinat. Grâce à cet article, je savais qu'il n'était qu'un affabulateur. L'ironie avec laquelle les faits étaient rapportés contribuait à ce soulagement. Que Günther fût ainsi moqué le rendait pitoyable et un peu ridicule. On pensait au vieil Arnolphe de *L'École des femmes*, qui prétendait épouser Agnès, de vingt ans plus jeune que lui.

Vu de la sorte, Günther était bien moins inquiétant et rien n'interdisait d'envisager une thérapie qui, jusque-là, m'avait semblé impossible.

Mais Zlibovic était loin de partager mon optimisme.

— Tout de même, cette propension à croire ce que dit votre patient... Il vous raconte qu'il a tué sa femme et vous prenez ça pour argent comptant, il vous conseille de vérifier dans les journaux et vous y courez. Ce n'est pas seulement un affabulateur, c'est aussi un manipulateur. Et vous vous laissez manipuler aussi facilement qu'un gamin.

— Soit, admis-je, mais maintenant que je connais la vérité, il ne m'aura plus. Tout de même, ne trouvez-vous pas curieux qu'il me demande de vérifier dans la presse l'inexactitude de ses propos ? Peut-être voulait-il me signifier ainsi son malaise ? C'est maintenant que le travail psychanalytique va pouvoir commencer.

Mais Zlibovic haussa les épaules d'un air légèrement agacé et ajouta :

— Ce sont des salades, Michel, vous le savez bien. La prochaine fois, votre patient inventera qu'il possède des puits de pétrole en Arabie Saoudite. Qu'est-ce que vous ferez ? Vous irez à Riyād vous en assurer ?

Je ne répondis rien. Le bureau de Zlibovic était paisible et rassurant. Grâce à l'épaisseur de la moquette et des tapisseries, aucun bruit du dehors n'était perceptible. De la fenêtre, on apercevait Beaubourg. Je songeai à l'épisode de l'homme que j'avais pris pour Günther. Il m'avait paru préférable de le garder pour moi. De la même façon, je n'avais pas soufflé mot du microfilm arrêté au bon endroit sur la visionneuse. Si j'en avais parlé, Zlibovic aurait probablement vu dans ces incidents la manifestation évidente de mon égarement.

Sans doute était-ce stupide d'avoir agi ainsi mais, au moins, je savais à quoi m'en tenir. Sur un point, le vieux Zlibovic se trompait : je ne laisserai plus Günther se moquer de moi. Même s'il prétendait posséder tout le pétrole du golfe Persique, il ne me ferait plus sortir de mon cabinet.

— Vous êtes un analyste suffisamment expérimenté, Michel, pour savoir que c'est de la manière dont vous écoutez vos patients et dont vous interprétez leurs propos que doit surgir la vérité, pas en menant une enquête à l'extérieur. On ne vous paie pas pour jouer les Sherlock Holmes.

Il se leva pour me signifier que l'entretien était terminé. Je crus déceler une certaine froideur dans son attitude.

— J'ai bien peur de ne pas pouvoir vous aider davantage, Michel, dit-il en me serrant la main. Vos rapports avec cet homme sont troubles. Il est possible que cette rencontre ait réveillé dans votre inconscient quelque chose qui n'était pas réglé. Faites attention, à tout moment on peut se révéler sous un jour inattendu. Tout ce que je peux vous dire, c'est de vous séparer de ce patient et... de songer à reprendre votre analyse personnelle.

Cela me mit hors de moi. Après une dizaine d'années passées sur un divan, je ne me sentais aucune envie de recommencer. Bien sûr, je ne pouvais prétendre avoir résolu tous mes problèmes. Qui le pouvait d'ailleurs ? Une vie entière sur le divan n'y suffirait pas. Freud lui-même l'avait reconnu. Mais, grâce à l'analyse, j'avais pu venir à bout de mes principales difficultés et accéder à une vision plus sereine de l'existence. Que Günther Bloch ait été pour moi une énigme, que je me sois fait posséder comme un débutant, j'aurais eu mauvaise grâce à le nier. De ce point de vue, Zlibovic n'avait pas tort : ce personnage avait sans aucun doute réactivé en moi un problème resté en suspens. Mais maintenant, j'y voyais plus clair.

Et je le devais à ma démarche au Centre Pompidou. Aussi critiquable fût-elle.

La nuit porte conseil, en principe.

Le lendemain, je me réveillai dans de meilleures dispositions et je reconsidérai calmement ce que m'avait dit Zlibovic. Même si je ne lui donnais pas tout à fait tort, son point de vue était à nuancer. Bien sûr, mon attitude vis-à-vis de Günther était peu orthodoxe. Mais, en même temps, cette attitude constituait une sorte de baromètre de mon état affectif. Ou bien j'étais capable de venir à bout de ce patient, ou bien je passais la main.

Mais on n'en était pas encore là et il fallait se garder de toute précipitation. Puisque la situation semblait s'être éclaircie, autant voir d'abord jusqu'où je pouvais aller.

Ainsi raisonnai-je. Et, fort de ces conclusions, je me rendis vers dix heures au dispensaire de pédopsychiatrie.

Dehors, il faisait un temps splendide, ce qui contribua d'autant à améliorer mon humeur.

La première personne que j'aperçus en arrivant fut Sylvette, la secrétaire.

— M. Chapireau vient de téléphoner, dit-elle. Il a essayé de vous joindre chez vous, mais vous deviez être déjà parti.

— Chapireau ?

— Oui, il faut le rappeler au commissariat. Il paraît que c'est urgent.

C'était pour le moins curieux. Pourquoi Gilbert

m'appelait-il à mon travail ? Nous avions déjeuné ensemble deux jours plus tôt.

Gilbert Chapireau était un de mes rares amis totalement étranger à la psychanalyse. Non seulement il n'était pas analyste, mais il ne s'était jamais allongé sur un divan. Notre amitié remontait à la communale et au lycée Jacques-Decourt. Enfants, nous jouions souvent dans des bandes rivales et, plus d'une fois, il nous était arrivé de nous bagarrer en récréation. Au lycée, nous étions les premiers à organiser des chahuts ou à faire l'école buissonnière. Nous fréquentions les mêmes filles et nous connûmes nos premières aventures amoureuses à peu près en même temps. Mais après le baccalauréat nos chemins divergèrent : il fit son droit, moi ma médecine, et nous restâmes sans nouvelles l'un de l'autre.

Ce fut lorsque je m'installai avenue Trudaine que je le retrouvai, par hasard, dans le quartier. Je pus alors mesurer le chemin parcouru. Son étonnement lorsqu'il apprit ma profession fut au moins égal au mien lorsque je sus qu'il était commissaire de police. L'effet de surprise passé, il éclata de rire.

— Décidément ! s'exclama-t-il, nous serons toujours dans des bandes opposées !

— La bande des flics contre la bande des psychanalystes ! approuvais-je en riant à mon tour.

L'approche de la quarantaine nous avait changé tous les deux, mais pas éloignés autant qu'on aurait pu le croire. Physiquement, nous retrouvions les différences de notre jeunesse. Il était grand, brun, d'allure sportive — au lycée, il était premier en gymnastique —, il avait des yeux marron, et des cheveux argentés commençaient à garnir ses tempes. En ce qui me concernait, malgré mes cheveux blonds, mes yeux bleus et ma fossette au menton qui plaisaient tant à Lisa, j'avais beaucoup moins le physique d'un séducteur. J'étais de taille moyenne, j'avais tendance à me tenir un peu voûté, et l'absence d'exercices physiques était en partie responsable d'un début d'embonpoint.

Comme au lycée, il était le sportif et moi l'intellectuel.

Cependant, au-delà de ces différences, une grande similitude de vues et une solide connivence nous rapprochaient, et je ne tardai pas à découvrir en Gilbert un homme intéressant et cultivé, capable d'être passionnant lorsqu'il parlait de lui ou de sa profession.

Son commissariat était proche de mon cabinet, et une fois je lui avais proposé de déjeuner chez moi. En voyant mon appartement, il n'avait pu retenir une exclamation admirative.

— On dirait que les affaires marchent pour toi ! Ton appartement me fait penser à tes disserts au lycée, il n'y manque rien.

Il me parut que cette appréciation n'était pas dénuée d'ironie, j'en conçus de l'agacement et, par la suite, je m'abstins de renouveler cette invitation. Nous prîmes donc l'habitude de déjeuner au *Jean-Bart* ou au *Trudaine*, à deux pas de chez moi. C'était l'occasion de longues évocations de notre jeunesse, des difficultés de nos professions, de l'époque, du climat politique ou de nos vies respectives. Il était divorcé et avait un enfant, et lorsqu'il apprit que j'étais dans la même situation, il ouvrit de grands yeux.

— Je croyais que vous autres, analystes, étiez à

l'abri de ces situations névrotiques, dit-il, avec une naïveté feinte.

Je souris. Décidément, malgré quelques dissensions, j'avais beaucoup de plaisir à retrouver mon ami.

Je téléphonai donc à Gilbert pour m'enquérir de ce qu'il voulait. Un de ses adjoints me répondit que le commissaire Chapireau venait de s'absenter mais qu'il m'attendrait dans son bureau vers dix-neuf heures. Cela me convenait tout à fait, et j'imaginai que nous pourrions, ensuite, dîner ensemble.

Toute la journée, je fus accaparé par mon travail.

Le matin, je participai avec Nadine, l'assistante sociale, à une réunion dans une école. Il y était question d'enfants suivis au dispensaire. A midi, je déjeunai avec quelques collègues, et, l'après-midi, j'animai avec Rachel un groupe de psychodrame.

Il était à peu près six heures lorsque je me souvins de mon rendez-vous avec Gilbert. Il me restait du courrier à dicter, mais Sylvette était déjà partie.

— Jamais là quand on a besoin d'elle ! fulminai-je.

Rachel s'étonna de ma mauvaise humeur. Nous avions eu une séance un peu difficile avec des enfants psychotiques. Elle avait duré plus longtemps que prévu et lorsque, enfin, elle s'était terminée le dispensaire était vide.

— C'est le cas Dominique qui vous inquiète ? demanda-t-elle. Si vous voulez écrire au juge, je peux taper votre lettre.

— Vous savez vous servir d'une machine à écrire ?

Elle sourit.

— Bien sûr, j'ai tapé ma thèse moi-même.

— Mais vous n'avez peut-être pas envie de faire des heures supplémentaires, objectai-je.

— Ce n'est pas grave, j'ai tout mon temps.

Sa voix était extrêmement sensuelle, à la fois chaude et un peu rauque. Et ce fut bien plus le plaisir de rester avec cette voix que l'urgence de la lettre qui me décida à accepter.

Elle s'installa derrière la machine à écrire et je commençai à dicter. La situation de Dominique était plutôt délicate. Ce jeune garçon d'une dizaine d'années, placé en nourrice, fuguait régulièrement pour rejoindre ses véritables parents, lesquels étaient absolument incapables de s'occuper de lui. Dans ma lettre, je m'interrogeais sur l'opportunité de ce placement. Ne valait-il pas mieux laisser l'enfant à ses véritables parents, malgré les réserves que leur attitude suscitait ?

Les doigts de Rachel couraient sur le clavier. De temps à autre, je lui jetai un coup d'œil à la dérobée, Siemsky avait raison : elle était très agréable à regarder. Elle me rappelait Lisa. Même si les deux femmes étaient fort différentes physiquement, on retrouvait chez l'une et chez l'autre la même élégance et cette sensualité provocante qui ne laissait pas indifférent. Mais Rachel savait probablement mieux gérer ses relations avec les hommes.

Elle se pencha en avant pour relire ce qu'elle venait d'écrire. Son décolleté était suffisamment généreux pour ne rien cacher de sa poitrine. Sur le coup, je perdis le fil de mes idées. Elle s'en aperçut et, surprenant la direction de mon regard, rougit un peu.

Pour me donner une contenance, j'allumai une cigarette, puis je jetai un coup d'œil à ma montre :

presque six heures et demie. Gilbert m'attendait au commissariat.

— Voilà, c'est terminé, dis-je, d'une voix mal assurée. Je posterai la lettre en partant. Il ne me reste plus qu'à vous remercier pour votre gentillesse.

Elle fit un vague signe de tête et j'eus le sentiment qu'elle partageait mon embarras. Je pris la lettre qu'elle me tendait et me levai.

— Merci encore. Excusez-moi, je suis pressé. On se revoit vendredi, comme d'habitude.

— C'est cela, répondit-elle, sur un ton un peu distant, comme d'habitude.

Malgré la froideur de son attitude, je crus discerner une attente chez elle, mais je n'osai rien entreprendre et je m'empressai de quitter le dispensaire. Une fois dehors, je m'en voulus de ma timidité. Pourquoi ne pas lui avoir proposé de dîner ? Après tout, rien ne m'empêchait de déplacer mon rendez-vous avec Gilbert.

Mais il était trop tard pour revenir là-dessus. Un taxi passa à ma hauteur et je l'arrêtai.

Le commissariat de Gilbert me frappa par sa vétusté. Sans doute m'y étais-je déjà rendu pour chercher mon ami, mais je n'avais pas encore eu l'occasion de le voir d'aussi près.

— Le commissaire Chapireau est occupé, m'avait dit le planton, quand je lui avais expliqué la raison de ma présence. Il vous recevra bientôt.

En fait, l'attente se prolongea de telle sorte que j'eus largement le loisir de m'exaspérer.

La salle dans laquelle je patientais était une pièce carrée exiguë aux murs craquelés. Pourtant, on avait réussi à y loger plusieurs tables derrière lesquelles des policiers en uniforme ou en civil tapaient, sur de vieilles machines à écrire, d'interminables rapports. A l'évidence, la paperasserie occupait une part importante de leur temps. Une seule de ces tables était munie d'un ordinateur que les policiers allaient fréquemment consulter. Au fond, on avait installé un enclos grillagé à l'intérieur duquel croupissaient une dizaine de clochards et de prostituées. Une sorte d'agitation désabusée régnait dans ces lieux. Parfois fusaient des plaisanteries qui n'amusaient personne et qui paraissaient davantage obéir à une habitude ou à un rite qu'à l'intention de faire rire. Des hommes en civil, le plus souvent en tee-shirt, jean et baskets, arrivaient régulièrement en tirant par des menottes d'autres hommes, vêtus de la même façon qu'eux. Ils faisaient penser à des oiseaux de proie rapportant dans l'antre familial le butin de la journée.

L'attente se prolongea et j'en eus bientôt assez. Je me levai, prêt à partir, mais le planton vint m'assurer qu'il n'y en avait plus pour longtemps. Il me proposa un café, que j'acceptai, et qui m'aida à patienter encore quelques minutes. Manifestement, Gilbert avait donné des consignes de courtoisie à mon égard.

Ne sachant que faire, je demandai ensuite l'autorisation de téléphoner et j'appelai à tout hasard le dispensaire. Sans grande illusion d'ailleurs : Rachel devait en être partie depuis longtemps. Je laissai passer plusieurs sonneries, puis je raccrochai. Un instant, j'envisageai d'appeler chez elle, mais c'eût été maladroit, surtout avec, en fond, les bruits d'une salle de police. Faute de mieux, je me résolus donc d'attendre vendredi prochain pour la revoir au dispensaire.

— Alors Freud ?

Je relevai la tête. Gilbert se tenait dans l'entrebâillement de la porte, un large sourire aux lèvres, content de me voir.

En l'entendant m'appeler de la sorte, un policier leva les yeux dans notre direction, ce nom semblait lui dire quelque chose. Il me regarda d'un air songeur, puis se replongea dans ses notes.

— Désolé de t'avoir fait attendre, s'excusa Gilbert en s'effaçant pour me laisser entrer dans son bureau, j'ai eu un contretemps.

— Sans importance, à cause de toi, j'ai interrompu mon travail au dispensaire.

Ce genre de remarque devait être monnaie courante pour lui, car il ne broncha pas. Il me désigna un siège et s'assit en face de moi. J'eus l'impression que son attitude était beaucoup plus professionnelle qu'amicale et, sans trop savoir pourquoi, il me parut avisé de me tenir sur mes gardes. De nouveau, il me sembla, tel au temps de notre enfance, que nous étions dans des bandes opposées. Les flics contre les psychanalystes. Et si notre ancienne rivalité n'avait pas disparu ?

— Que se passe-t-il ? La secrétaire m'a dit que c'était urgent.

— N'exagérons rien...

Il s'interrompit pour m'offrir une cigarette.

— Une affaire de routine... sans plus.

J'attendis la suite, en aspirant une longue bouffée.

— Tu as bien vendu ta BMW, hier, à un certain Jean-Yves Alphonsi ? dit-il en me montrant l'acte de vente que j'avais rédigé la veille.

Qu'il fût en possession de ce papier ne manqua pas de m'intriguer, mais je n'en laissai rien paraître.

— C'était une voiture volée ? dis-je ironiquement.

Mais il feignit de ne pas avoir entendu.

— Dans quel état se trouvait ta voiture ?

— Pratiquement neuve. Elle datait de l'an dernier et elle avait à peu près vingt-cinq mille kilomètres au compteur. Et puis je l'avais fait réviser juste avant de la mettre en vente.

— Pourquoi est-ce que tu l'as vendue ?

Cette question m'irrita.

— Je te l'ai expliqué quand nous avons dîné ensemble, il y a deux jours ! Parce que j'avais besoin d'argent. C'est de travailler dans ton commissariat qui te rend amnésique ?

Il sourit d'un air un peu embarrassé.

— D'accord, tu as vendu ta voiture parce que tu avais besoin d'argent... pour négocier un nouveau crédit à ta banque.

— Puisque tu le sais... Ecoute-moi, Gilbert, dis-je en me levant. Ou tu m'expliques pourquoi tu m'as appelé, ou je m'en vais, mais je n'apprécie pas que tu joues les flics avec moi.

— Alphonsi s'est fichu dans le décor avec ta voiture. Il roulait à plus de deux cents sur le périphérique et il a raté un virage.

— Comment ? m'écriai-je en me rasseyant. Il est...

— Non, rassure-toi, il va s'en tirer. Il est probable qu'il reste infirme, mais il va s'en tirer. C'est l'avis des médecins. Mais pour la voiture, ajouta-t-il, c'est différent. Elle est bonne pour la casse... Un vrai tas de ferraille.

— Et qu'est-ce que j'ai à voir dans cet accident ?

Tu m'as dit toi-même qu'il roulait à toute vitesse. Je l'avais déjà remarqué lorsqu'il a essayé la voiture. Un vrai dingue.

— C'est vrai, concéda-t-il, mais il est possible que son assurance se retourne contre toi et cherche à prouver que le véhicule n'était pas en bon état. Encore une fois, est-ce que tu es sûr que tout allait bien quand tu l'a vendue ?

— Normalement, oui. Elle avait à peine un an et...

Je m'interrompis brusquement.

— Ça me revient maintenant ! m'exclamai-je. Il y avait les freins ! Le type s'est plaint du système de freinage qui lui semblait un peu mou.

Gilbert me regarda avec intérêt.

— Et il l'a quand même achetée ?

— A mon avis, la voiture n'avait rien. Je crois qu'il voulait surtout discuter le prix.

— Il y est arrivé ?

— Je l'avais mise en vente à cent dix mille francs, pour en obtenir cent mille francs. C'est ce qu'il m'a proposé. S'il avait jugé que la voiture était en mauvais état, il m'en aurait offert moins ou bien il ne l'aurait pas prise.

— Je vois, répondit Gilbert, d'un air pensif. En tout cas, si je peux te donner un conseil, garde cet argent.

— Pourquoi ?

— Si on constate que la BMW était dans un état défectueux, on peut exiger que tu rembourses.

Puis il jeta un coup d'œil à sa montre.

— Ecoute, si tu es libre, je te propose d'aller dîner au Quartier latin. Ça nous changera les idées.

Il est plus de huit heures et je meurs de faim. Qu'en dis-tu ?

Cette façon d'interrompre brusquement la conversation me déconcerta, mais j'acceptai. Il ferma son bureau, donna quelques consignes au planton, et prit sa voiture qui était garée devant le commissariat.

Le trajet fut silencieux.

Pendant qu'il conduisait, je ne pus m'empêcher de ressentir une sorte de malaise. Curieusement, j'avais l'impression qu'il ne m'avait pas tout dit et qu'il avait une idée derrière la tête.

La terrasse du restaurant donnait dans la rue des Ecoles. Un garçon vint prendre notre commande et nous allumâmes une cigarette en attendant d'être servis.

Pendant quelques minutes, nous regardâmes sans rien dire les promeneurs dans la rue.

La chaleur aidant, une foule hétéroclite et dense se pressait sur les trottoirs. Bien que nous fussions seulement au mois de mai, des groupes de touristes avaient déjà fait leur apparition dans la capitale. Des contingents de Suédois, d'Allemands ou d'Américains passaient lourdement, encombrés d'énormes sacs à dos, créant une atmosphère cosmopolite que j'appréciais fort. En outre, beaucoup de filles étaient très jolies et, plus d'une fois, je vis le regard de mon ami s'allumer sur leur passage.

— Voilà qui vaut toutes les psychothérapies du monde, observa-t-il sur un ton un peu provocateur. Qu'en penses-tu ?

Cette remarque ne me surprit guère. A chacune de nos rencontres, ou presque, la conversation s'orientait sur la psychanalyse. Comme beaucoup de gens, Gilbert se montrait méfiant et, en même temps, très curieux de cette thérapeutique.

— Sans doute, mais la psychanalyse peut aider certaines personnes à s'en rendre compte.

Il me lança un regard légèrement moqueur.

— J'ai du mal à imaginer que des gens doivent passer plusieurs années sur un divan pour découvrir que l'amour est essentiel dans la vie.

— Ce n'est pas pour cette raison qu'on s'allonge sur un divan, mais à cause des satanées questions qui compliquent tout : l'amour avec qui ? de quelle manière ? dans quel but ? Tu connais ça aussi bien que moi.

— Je ne suis pas d'accord. C'est toi qui compliques tout. J'ai des réponses très simples à tes questions : l'amour avec qui ? Avec cette fille qui passe là.

Il me montra une jeune femme blonde, probablement nordique, dont les seins menaçaient, à chaque pas, de s'échapper du léger tee-shirt qui les emprisonnait.

— De quelle manière ? poursuivit-il. De toutes les manières possibles et imaginables. Dans quel but ? Dans le seul but de se faire plaisir. Tu vois, ce n'est pas si compliqué que ça.

— Alors qu'est-ce que tu attends ?

Ma remarque le déconcerta et il se mit à rire.

— C'est bien, dit-il, tu as gagné. Décidément, vous autres, psychanalystes, vous avez réponse à tout.

Notre conversation fut interrompue par le serveur qui revenait avec notre commande. Sans attendre, Gilbert commença à manger. A en juger par la vitesse à laquelle il dévorait ses hors-d'œuvre, il devait effectivement mourir de faim.

Cela ne l'empêcha pourtant pas de revenir à son sujet favori.

— J'imagine que vous autres, analystes, avez un grand ascendant sur vos patients, pour qu'ils continuent de vous consulter pendant des années.

— Ils viennent nous voir parce que la vie leur est insupportable.

Cette réponse le laissa rêveur.

— Si je comprends bien, vous êtes des sortes de dealer. Votre camelote, c'est une drogue dont on ne pourrait plus se passer. Si on est en manque, ça peut devenir épouvantable.

Sa comparaison me fit sourire.

— C'est une façon de voir les choses.

— Et si j'en juge par le montant de vos honoraires, vous vous conduisez en véritables trafiquants. Dès qu'un de vos patients devient accroc, vous augmentez les tarifs. Au fond, vous avez créé une nouvelle race de drogués : les psychaïnomanes. Je devrais vous mettre les stupéfiants sur le dos.

Je m'esclaffai.

— Il y a tout de même des différences entre les trafiquants et nous. D'abord, nous ne courons pas après les patients, ce sont eux qui viennent nous voir et...

— Qu'est-ce que ça prouve ? interrompit-il. Vous êtes encore plus forts que les trafiquants, c'est tout... Vous n'avez même pas besoin d'aller chercher la clientèle.

— Soit, mais, au moins, nous ne développons pas chez nos patients des comportements antisociaux. J'avais écrit dans le temps un article sur cette question. Si je le retrouve, je te le passerai. En tout cas, je peux te garantir qu'on n'a jamais vu de névrosés attaquant des vieilles dames pour se payer leurs séances.

Il observa un long silence avant de demander abruptement :

— Est-ce qu'un patient peut éprouver de fortes animosités contre son analyste ?

Cette question me prit au dépourvu et je ne pus m'empêcher de songer à Günther Bloch.

— Ça arrive très souvent, répondis-je, au bout de quelques instants, c'est même là-dessus que s'appuie le psychanalyste pour soigner un patient. C'est ce qu'on appelle le transfert.

— Tu peux expliquer ?

— Le transfert, c'est ce que le patient éprouve pour son thérapeute. En réalité, il s'agit des sentiments qu'il portait, dans sa petite enfance, à son entourage, et qu'il reporte sur son analyste.

— Autrement dit, le patient croit aimer ou haïr son analyste bien que, en réalité, d'autres personnes soient concernées ?

— Exactement.

— Il peut arriver que cette haine aille jusqu'au meurtre ?

De nouveau, je fus pris au dépourvu. Manifestement, les questions de Gilbert avaient un but précis.

— Qu'est-ce que tu veux dire ?

— Simplement qu'un patient peut s'imaginer haïr à tel point son analyste qu'il en arrive à le tuer. Est-ce que c'est déjà arrivé ?

— Pas que je sache. Je t'ai déjà dit que l'analyse ne développait pas de comportements antisociaux. Un patient peut éprouver une très forte animosité contre son analyste, mais celle-ci reste verbale. Il s'agit de comprendre les raisons de cette animosité. C'est de cette façon que l'on progresse.

— Et ça se passe toujours par la parole ?

— C'est la condition même de la cure analytique. Pourquoi veux-tu savoir ça ? Tu as déjà eu à t'occuper de meurtre d'analyste ?

Pour toute réponse, il me tendit une feuille de papier.

— Regarde ça. Il y a quelqu'un que tu connais ?

C'était la liste d'une dizaine de personnes, classées par ordre alphabétique. Très précisément, six femmes et quatre hommes.

— Non, personne que je connais.

— Prends ton temps, regarde bien.

Je relus la liste. D'un côté se trouvaient les femmes, de l'autre les hommes :

ANTONY Isabelle
DUMEZ Sophie
GERBIER Nicole
GRANDVILLE Marie-Laure
LANCRET Hélène
VILLEMARD Catherine

BARDIN Pierre
LEROY David
TRIGANO Pierre
VOISIN Philippe

Je lui rendis la liste.

— Ces noms ne me disent rien.

— Tu n'en comptes aucun parmi tes patients ?

Cette insistance me parut pour le moins surprenante.

— De toute façon, si c'était le cas, je ne pourrais pas te le dire. C'est confidentiel. Mais, en l'occurrence, je peux t'affirmer qu'aucune de ces personnes n'est en analyse avec moi. Maintenant, j'aimerais bien savoir où tu veux en venir.

Il sortit son paquet de cigarettes et m'en tendit une qu'il alluma avec son briquet.

— Il y a quelque chose qui me chiffonne beaucoup dans l'accident de la BMW. Le type n'avait pas tort de s'inquiéter des freins. En réalité, il y avait une fuite dans le circuit hydraulique de freinage. Un des tuyaux était percé et il ne restait plus une goutte de liquide de freinage.

J'ouvris des yeux stupéfaits.

— Mais c'est impossible ! m'exclamai-je. Elle a été révisée la semaine dernière, on s'en serait aperçu.

— Je sais, nous avons trouvé le carnet de révision dans la voiture et nous sommes allés voir le garagiste. Il se souvenait très bien de ta BMW. Par contre, il n'avait remarqué aucune défectuosité dans le circuit de freinage. Peut-être n'a-t-il rien vérifié, mais nous ne pouvons pas le prouver.

— Tout ça ne m'explique pas pourquoi tu m'as montré cette liste.

— Tu vas comprendre... Ce qui me chiffonne dans cet accident, ce n'est pas la fuite du système de freinage.

— C'est quoi alors ?

— C'est que l'accident de ton ami Jacques Silbermann s'est passé de la même façon.

J'eus l'impression d'être tétanisé et il me fallut un certain temps pour reprendre mes esprits.

— Qu'est-ce que tu dis ?

— Ton ami a eu le même accident. Un virage, le circuit hydraulique percé de la même façon, une chaussée glissante et pas moyen de freiner. La seule différence, c'est que ton acquéreur s'en sort plutôt bien par rapport à Silbermann.

Pendant un moment, je fus incapable d'articuler le moindre mot.

— Et cette liste que tu m'as montrée..., finis-je par dire.

— C'est la liste des patients de Silbermann. Je pensais que vous pouviez avoir le même patient malveillant. Je sais bien que c'est Alphonsi qui a eu l'accident, mais ça aurait pu être toi qui étais visé.

Immédiatement, je pensai à Günther. Pourquoi ne figurait-il pas sur cette liste ? Et s'il n'avait jamais été en analyse chez Jacques ? Il pouvait s'être servi de lui pour me convaincre de le soigner. Après tout, ça lui aurait parfaitement ressemblé.

Gilbert ne fut pas sans remarquer mon trouble.

— Tu penses à quelqu'un de particulier ?

— Selon toi, Jacques aurait été victime d'un meurtre ? demandai-je en éludant sa question.

— Je n'ai pas dit ça, j'essaie seulement de comprendre. Après tout, ce peut très bien être un accident. Dans les deux cas, un choc pourrait avoir endommagé le circuit de freinage. Peut-être ne s'agit-il que d'une coïncidence ?

— Peut-être, répondis-je sur le même ton.

Une fois encore, je pensai à Günther. Mais aussitôt je l'entendis se moquer : « Je suis sûr que vous pensez à me dénoncer, mais vous êtes astreint au secret médical. » Et puis il n'était pas sur la liste que m'avait montrée Gilbert. S'il s'était moqué de moi, la situation aurait été extrêmement embarrassante. Aussi me parut-il préférable de ne rien dire.

Il était presque une heure du matin et la rue des Ecoles commençait à se vider. Gilbert fit un signe au serveur, nous réglâmes l'addition et il me déposa avenue Trudaine.

En rentrant chez moi, je pris l'argent d'Alphonsi et le rangeai dans mon coffre. Gilbert avait raison, il était préférable d'attendre les résultats de l'enquête avant de le déposer à la banque.

Puis j'écoutai mon répondeur téléphonique. Florence avait appelé pour confirmer le rendez-vous à *La Closerie*. Il y avait aussi les habituels messages professionnels.

Mais j'y prêtai à peine attention.

4

— Il ne faut pas croire tout ce que disent les journalistes... Le plus souvent, ils racontent n'importe quoi.

Je ne répondis rien et Günther Bloch ajouta sur un ton narquois :

— Vous avez dû vous sentir soulagé en lisant l'article du *Parisien*.

Je fus sur le point de lui demander d'où il tenait cela, mais je me ravisai.

— Ça vous épate, hein ? s'exclama-t-il sur un ton triomphant. Pourtant je le sais... ou, du moins, je m'en doute. Mais je me trompe rarement, je suis sûr que vous avez lu cet article. C'est votre silence qui vous a trahi.

Il s'éclaircit la voix avant de continuer, goguenard et content de lui.

— C'est rassurant, n'est-ce pas, de découvrir que Günther Bloch n'est qu'un paisible rentier de banlieue, cocu de surcroît. Une sorte d'Arnolphe ridiculisé par son Agnès. Aussitôt, vous avez dû penser que j'étais un mythomane qui prenait plaisir à enjoliver une réalité pas très agréable, et vous vous êtes dit : des symptômes de souffrance, l'analyse va enfin pouvoir débuter ! Eh bien, détrompez-vous, cher ami, je ne cherche pas à rendre la réalité plus flatteuse pour moi. Au contraire, j'ai un tempérament si modeste que je préfère passer pour un cocu plutôt que pour un assassin... C'est moins flatteur, mais c'est plus sûr.

Et, comme pour juger de l'effet qu'il venait de produire, il se tut quelques instants. Mais je demeurai impassible.

— Vous jouez à merveille votre rôle d'analyste, reprit-il. Impavide, silencieux, exactement ce qu'il faut. Ah ! vous êtes un excellent disciple de Freud... En apparence du moins.

Nouvelle pause, avant de continuer :

— Ne vous en faites pas, moi aussi je suis un homme d'apparences. J'ai beaucoup d'estime pour les apparences. Non seulement elles peuvent permettre de sauver la face, mais, pour ce qui me concerne, elles m'ont aussi aidé à sauver ma tête. Ce n'est pas rien.

Il se mit à rire doucement.

— J'ai donc tué Laura et, à cet égard, les voisins avaient raison, il y a bien eu — selon les termes de ce journaliste — une « altercation avec mon épouse ». Il faut reconnaître que ça n'a pas été facile. Laura était plutôt du genre passive. J'aurais pu lui faire subir n'importe quoi, elle n'aurait pas bronché. Sa spécialité, c'était de supporter en se taisant. Elle était très déprimée. Tout ce qu'elle savait faire, c'était pleurnicher en silence. En silence ! On n'a pas idée ! Alors que c'était précisément du contraire que j'avais besoin. Il fallait qu'elle hurle, que les voisins l'entendent, qu'ils soient persuadés qu'il y avait eu...

altercation, comme le rapportait si bien *Le Parisien.* Ah, les femmes déprimées ! Vous devez en rencontrer dans votre métier. Pour les faire crier, quelle dépense d'énergie ! Franchement, j'ai failli y renoncer. Je n'en pouvais plus de la frapper. Combien a-t-elle pris de coups ? Impossible à dire. Elle avait le visage tuméfié au point d'en être méconnaissable, et pas moyen de lui arracher ne serait-ce qu'un gémissement. Evidemment, si on habitait dans un appartement, ça aurait été plus simple, mais en banlieue ! Comment voulez-vous qu'on entende le bruit d'une gifle d'un pavillon à l'autre ? Bref, je craignais de devoir renoncer à ma mise en scène parce qu'elle n'était pas fichue de hurler. Elle s'était assise devant la cheminée du salon et elle sanglotait doucement. Même en tendant l'oreille, on ne l'aurait pas entendue renifler.

Nouveau temps d'arrêt. Il se passa la main dans les cheveux, puis croisa ses doigts sur sa poitrine. On aurait dit qu'il réfléchissait profondément. Il était aussi immobile qu'un mort. Ce que je venais d'entendre me laissa infiniment dubitatif, et je n'aurais su affirmer s'il était en train d'inventer ou s'il relatait des faits qui s'étaient vraiment passés. Pourtant, je ne pouvais m'empêcher d'être impressionné par le ton de satisfaction avec lequel il racontait cette histoire. L'évocation des mauvais traitements, réels ou imaginaires, qu'il aurait fait subir à sa femme, lui était particulièrement agréable.

Au bout d'un moment, il reprit :

— Finalement, j'ai eu une idée géniale. J'ai attendu qu'elle se calme, puis je suis allé dans la cuisine. Heureusement, nous étions en début de semaine et je venais de faire les courses au supermarché. Ce n'étaient pas les bouteilles d'huile qui manquaient. J'en ai fait bouillir deux ou trois litres dans une casserole. Quand j'ai jugé que l'huile devait être brûlante, je suis revenu subrepticement dans le salon. Précaution inutile, Laura était bien trop occupée à son chagrin pour m'entendre. Je me suis placé derrière elle et, d'un seul coup, j'ai renversé toute la casserole sur ses épaules. Vous auriez entendu le hurlement qu'elle a poussé ! De quoi réveiller tout Argenteuil et les banlieues voisines. C'est bien la preuve que, lorsqu'on veut faire hurler quelqu'un, ce n'est pas la douleur qui importe mais l'effet de surprise. Laura s'est levée d'un bond et s'est mise à courir dans le salon en criant que je voulais l'assassiner et en me suppliant de l'épargner. Exactement ce que je voulais. A mon tour, je me suis mis à hurler en essayant de couvrir sa voix et en l'accusant de me tromper. Elle était trop terrorisée pour comprendre un traître mot de ce que je disais, mais ça n'avait aucune importance. L'essentiel était que les voisins comprennent mes reproches et soient persuadés que je lui faisais une scène de jalousie. La suite s'est déroulée encore plus facilement que je ne l'avais escompté. Soit la crainte que je lui inspirais, soit la douleur qui était devenue insupportable, Laura s'est évanouie, et ça a été un jeu d'enfant de l'étouffer avec un oreiller.

Il s'interrompit et remarqua sur le ton de la plaisanterie :

— Le journaliste du *Parisien* a cru faire un bon mot en intitulant son article : « Le poignard ou la valise ? » En fait, il aurait dû écrire : « L'oreiller ou la valise ? » qu'en pensez-vous ?

Je préférai ne rien en penser et je continuai de me taire.

— Franchement, vous n'êtes pas très bon public, se plaignit Günther. Pourtant, ce titre aurait parfaitement convenu, la pauvre Laura aimait tellement dormir. C'était l'effet de sa dépression et des médicaments qu'elle prenait. Maintenant, de ce côté-là, elle est comblée.

Devant mon absence de réaction, il ne put dissimuler un certain agacement.

— Vous ne me croyez pas, n'est-ce pas ? Pourtant, il vous sera très simple de vérifier. En face du cimetière de Jolival, à l'angle de la route de Saint-Gratien et de la rue de Raguenet, il y a une vieille maison abandonnée. On ne peut pas la manquer, elle se trouve exactement à la limite de Saint-Gratien et d'Argenteuil.

— Bien, monsieur, dis-je en me levant.

Mais il resta allongé.

— Devant le perron, la terre est assez friable. C'est là que j'ai enterré la preuve de ce que j'avance. Il n'y en a pas pour longtemps à creuser et...

Il n'allait pas me refaire le coup du *Parisien*. Cette fois-ci, j'avais droit au jeu de piste, avec un trésor enterré.

— Bien, monsieur, répétai-je d'une voix ferme.

Il finit par se lever, régla ses mille francs et, après avoir posé un long regard sur *Le 24e Jour*, il quitta mon cabinet.

Après son départ, je restai songeur. Bien sûr, il avait été impossible de faire référence aux révélations de Gilbert. De toute façon, je ne me voyais pas très bien demandant à Günther s'il avait été réellement en analyse avec Jacques et s'il avait attenté à ses jours et aux miens en endommageant nos voitures.

Mais il y avait plus et, dans une large mesure, Raoul Zlibovic avait raison. Mes rapports avec cet homme étaient troubles. Son récit m'avait terrifié. Qu'il y ait pris plaisir, que ses pulsions sadiques y aient trouvé leur compte, ne faisait aucun doute, mais ce qui m'étonnait le plus, c'était mon incroyable passivité pendant toute cette séance. J'étais resté quasi tétanisé dans mon fauteuil, comme s'il se fût agi de mon propre assassinat, comme si Günther représentait la part mortelle de moi-même et que je me délectais à entendre de telles atrocités.

Günther ne s'y était pas trompé : mon impassibilité était seulement apparente. En réalité, je n'avais pas réussi à me comporter une seule seconde en analyste, pas même pour lui signifier que la séance était terminée. Dans ces conditions, pouvait-on encore parler de psychanalyse ?

Si cette situation devait se répéter, il importerait d'en tirer toutes les conséquences. Mais, encore une fois, il me parut judicieux d'éviter toute précipitation. Etre analyste, c'était aussi savoir attendre, parfois longtemps, que quelque chose accrochât dans le discours du patient.

Et, actuellement, il n'y avait pas grand-chose qui accrochait.

L'après-midi, le patient suivant était Sébastien. Fidèle à son habitude, il se fit attendre. Sa séance était presque terminée lorsqu'il arriva. Le malheureux avait couru à en perdre haleine pour sauver les dernières minutes.

Il m'expliqua, en reprenant péniblement son

souffle sur le divan, que son train avait eu une demi-heure de retard à Charleville et qu'il y avait eu un arrêt inexpliqué en rase campagne. Mais la prochaine fois, il partirait la veille, quitte à passer une nuit à Paris.

Partir la veille ! C'était sa meilleure idée en quatre ans d'analyse. Autant rester sur cette excellente intention.

— Bien, monsieur, fis-je en me levant.

Un instant plus tard, il était debout, posait son argent sur mon bureau, me gratifiait d'une poignée de main un peu molle et quittait mon cabinet.

Ensuite, ce fut le tour de Lisa. Contrairement à son habitude, elle était légèrement en retard.

— Impossible de se garer dans votre fichu quartier ! se plaignit-elle. La dernière fois, j'ai eu un P.V. à trois cents francs. Et ces contractuelles de malheur qui ne veulent rien savoir ! Les séances avec vous coûtent une fortune...

Je ne dis rien. Encore quelques récriminations contre le chef de service, puis viendraient la montée de la pulsion et, enfin, l'appel à la luxure.

Mais elle ne suivit pas tout à fait ce scénario et engloba dans son appel à la luxure ses hésitations à propos d'Henri.

— Pourquoi existe-t-il deux sortes d'homme ? recommença-t-elle.

Puis elle se tut, attendant peut-être une demande de précision.

— Continuez, fis-je.

— Il y a ceux qui vous baisent et les autres, ceux qui vous aiment, qui vous respectent... ou qui croient vous respecter. Les premiers, je les adore... Ils n'ont aucun scrupule, aucun respect... Ce sont des barbares, ils vous passent sur le corps comme en pays conquis…

Elle marqua un temps d'arrêt avant de s'exclamer, provocatrice :

— J'aimerai tant que vous en soyez un !… Cela vous intéresse-t-il de savoir que je suis nue sous ma robe ?

A cette question un brusque désir m'envahit, je sentis mon cœur battre à tout rompre et il me fut impossible de réprimer le tremblement de mes mains. Je pensai à Rachel, tout aussi désirable et provocante, et, à cet instant, j'aurais été bien en peine de choisir entre ces deux femmes. Freud avait raison : d'une noble créature qui avouait sa passion, il émanait un charme incomparable.

Lisa ne fut pas sans remarquer mon trouble.

— Vous pouvez me rejoindre quand vous voulez sur ce divan… Voulez-vous que j'enlève ma robe tout de suite ? Dans votre jargon psychanalytique, vous appelez ça un *acting out*, une façon d'abandonner l'analyse…

Cette idée la fit rire.

— Moi, j'appellerai ça autrement. A chacun son vocabulaire. Vous savez, je ne vous en voudrais pas si vous veniez. Peu importe qu'il me faille ensuite chercher un autre analyste…

Elle recroquevilla les jambes, découvrant ainsi ses cuisses, que je trouvai superbes.

Je détournai mon regard et m'absorbai dans la contemplation du *24ᵉ Jour*. Il se passa ainsi un long moment au cours duquel nous luttâmes silencieusement, chacun de notre côté, pour retrouver nos places respectives : elle sur le divan et moi sur le fauteuil.

— Bien entendu, vous ne le ferez pas, reprit tristement Lisa, et c'est pourquoi je continue de venir. En ce sens, vous ressemblez à Henri, vous appartenez à la seconde catégorie d'hommes... Celle qui respecte les femmes, qui ne profite pas d'elles...

Nouveau silence, puis elle s'exclama sur un ton amer :

— Il est donc impossible de trouver un homme qui fasse double usage ! Pourquoi Henri ne pourrait-il pas m'aimer et me désirer en même temps ? J'ai tellement besoin des deux. Mais il faut croire que je suis condamnée à ne jamais rencontrer que l'un ou l'autre et...

Elle étouffa un sanglot et poursuivit.

— Lisa l'obsédée, Lisa la nymphomane rencontrant un homme qui a des scrupules au lit ! Ça ne tient pas debout cette histoire, c'est ça que vous pensez, n'est-ce pas ?

Je la laissai continuer.

— Henri considère que c'est mal de faire l'amour en dehors du mariage. Ridicule, n'est-ce pas ? Pourtant, savoir se maîtriser pour une personne qui vous est chère, n'est-ce pas la preuve qu'on l'aime ? Et si je disais oui à la mairie, qu'en pensez-vous ? Est-ce que vous essaieriez de m'en dissuader ? Vous n'avez qu'un mot à dire et je ne l'épouse pas.

Sa voix était empreinte d'une grande tristesse.

— Mais ce mot, vous ne le direz pas... Au fond, c'est peut-être mieux ainsi. J'ai une grande estime pour Henri, vous savez, c'est la première fois qu'un homme se comporte de cette façon avec moi. Parce que, d'habitude, il suffit que j'ouvre les cuisses pour qu'on me saute dessus.

Après une courte réflexion, elle rectifia.

— En fait, ce n'est pas la première fois... Avec vous, c'est pareil. Vous n'avez pas idée à quel point Henri vous ressemble. Vous résistez à mes avances au nom de vos principes psychanalytiques et lui au nom de ses principes religieux... Est-ce que ça fait une différence ? Mais vous, vous ne me proposez pas de m'épouser... Si vous le faisiez, je laisserais immédiatement tomber Henri.

Une sorte de découragement m'envahit en entendant ces propos. Ce qu'elle désirait était impossible, pourtant je ne pressentais que trop bien le gâchis qui se préparait avec Henri. De quoi voulait-elle se punir en épousant un homme bien plus âgé qu'elle et que, visiblement, elle n'aimait pas ?

— J'ai l'impression que ça a toujours été pareil, soupira Lisa, se faire baiser ou être aimée... Vous parlez d'une existence !

— Vous pensez que les deux sont vraiment incompatibles ?

Pas de réponse. Je me levai de mon fauteuil.

— Bien, mademoiselle.

Elle attendit un peu, puis, se rappelant sans doute qu'elle avait garé sa voiture n'importe où, elle se leva, posa ses quatre cents francs sur le bureau et quitta précipitamment mon cabinet.

Je ne m'étais pas trompé. De ma fenêtre, je l'aperçus qui courait vers son Austin. Mais il était trop tard, la contractuelle était déjà à l'œuvre. « Pauvre Lisa, pensai-je, pas moyen qu'elle échappe à elle-même ! »

Mais je n'eus guère le loisir de m'attendrir, dans le même temps, je vis Gabriel, qui se dirigeait en petites foulées vers la porte de mon immeuble. Il croisa Lisa, qui se désolait devant sa voiture, et s'arrêta quelques secondes pour la contempler, puis il reprit sa course et s'engouffra dans mon immeuble.

Quelques instants après, il s'étendait sur le divan.

— Joli brin de fille, commença-t-il. En analyse chez vous ? Moi, si j'étais à votre place, je ne resterais pas longtemps sur mon fauteuil.

Soupir.

— Evidemment, il y a mon problème... Mais, annonça-t-il sur un ton victorieux, je crois qu'il est en train de s'arranger.

Je me demandai bien de quelle façon. Il eut une hésitation avant de poursuivre :

— Hier soir, ça a marché... Pour la première fois depuis bien longtemps ! C'était dans un peep-show. Une sorte de streap-tease, si vous préférez... Une danseuse se déshabille de l'autre côté d'une glace sans tain, elle prend des poses excitantes et vous voyez tout sans être vu. Au début, ça ne me faisait rien. C'était même aussi ennuyeux qu'avec une copine qui essaie de me faire des trucs. Mais ce qu'il y a de bien dans les peep-shows, c'est que pour le même prix on peut voir un couple faire l'amour... Alors, d'un seul coup, c'est devenu génial. Dès que j'ai vu le type, j'ai compris que ça allait être intéressant. La fille s'activait sur lui. Vous auriez vu l'état dans lequel elle l'avait mis ! Une merveille ! Exactement ce que j'aurais voulu pour moi. Je n'en revenais pas. Mais le plus incroyable, c'est que... moi aussi, j'étais dans le même état.

Il s'arrêta pour mieux savourer son souvenir.

— Vous vous rendez compte ? Moi aussi ! Comme lui ! Vous autres, psychologues, vous appelez ça une identification. Mais, moi qui suis un pédagogue, je parlerais plutôt d'un exemple.

Il réfléchit un peu.

— L'érection par l'exemple, si vous préférez. Ce type m'a montré comment il fallait faire. C'est pareil pour mes leçons de gymnastique, je montre à mes élèves un exercice et ils le reproduisent. Le plus extraordinaire, c'est que, à mesure que je voyais ce type s'envoler, je m'envolais avec lui. Ah, je vous assure que j'étais attentif ! Et quand c'est arrivé, j'en ai fait autant... Ça faisait si longtemps ! Je vais y retourner et, avec un peu d'entraînement, je devrais y parvenir tout seul.

Dans sa voix, il y avait du bonheur.

— Tout seul ?

Ma question coupa court à sa jubilation. Il répondit d'une voix incertaine.

— Enfin, sans lui... Avec une femme.

— Bien, monsieur, dis-je en me levant.

Il se leva à son tour, un peu décontenancé.

— Qu'est-ce que vous en pensez docteur ? s'inquiéta-t-il, en me tendant ses quatre cents francs. Je suis sur la bonne voie ?

Pour toute réponse, je lui serrai la main et le raccompagnai jusqu'à la porte.

C'était mon dernier patient de la journée. Pendant toute la durée de la séance, j'avais pensé aux paroles de Zlibovic : « A tout moment on peut se révéler sous un jour inattendu. » Au fond, il avait raison, l'analyste était seulement un révélateur, quelqu'un dont le silence pouvait bousculer ce que l'on croyait être. Et, insensiblement, sans le savoir, Gabriel se rapprochait de ce moment où sa vérité lui sauterait en pleine figure.

Avant de quitter le cabinet, je jetai un rapide coup d'œil au courrier rangé sur mon bureau, je tombai sur une invitation à un séminaire pour le soir même : *Œdipe et les limites du signifiant, une étude de Jacques Silbermann, commentée par le docteur Florence Durand-Sauvagnac.*

Cet intitulé savant me fit sourire. Sur le chapitre de la grandiloquence et de l'emphase, Florence ne craignait décidément personne. Depuis la mort de Jacques Silbermann, elle se considérait comme la seule dépositaire de son œuvre, et il ne se passait pas de semaine sans qu'elle participât à un débat sur le maître. Bien sûr, la notoriété de Jacques expliquait le succès de ces réunions, mais le prestige personnel de Florence y était également pour quelque chose.

Je pliai l'invitation et la rangeai dans ma poche, indécis quant à ma participation à ce séminaire. Mes pensées étaient ailleurs, du côté de Rachel ou de Lisa. Peut-être à cause de la chaleur ou de l'atmosphère de fête qui régnait dans la rue et qui était montée jusqu'à mon cabinet, je fus pris d'une envie folle de revoir Rachel. J'avais son numéro et je l'appelai, mais sans grande illusion. Son téléphone sonna jusqu'au déclenchement de son répondeur, mais je ne trouvai aucun message à laisser.

Finalement, après avoir téléphoné sans plus de succès à Gilbert et à d'autres amis, je dus me résoudre à rester seul. Un besoin impérieux de voir du monde me tenaillait, aussi j'appelai un taxi et me fis conduire aux Halles.

Je fus largement comblé : une foule hétéroclite et dense se pressait dans la rue Saint-Denis. On y trouvait tout ce qu'un quartier en vue peut drainer un soir où il fait chaud, depuis les jeunes gens fortunés, qui suivaient la mode de manière ostentatoire, jusqu'aux éternels déclassés qui faisaient la manche, parfois de façon agressive, sans oublier les touristes, les promeneurs anonymes, solitaires et légèrement déprimés, et cette faune un peu particulière qui rasait les façades illuminées des sex-shops avant d'y entrer furtivement. Je pensai à Gabriel, peut-être le rencontrerais-je devant un peep-show. Mais il n'en fut rien et, après avoir pris un verre au *Café Costes*, je me décidai pour un restaurant de la rue des Lombards.

Je dînai à une terrasse. Malgré le monde, le bruit, les passants et les musiciens qui se succédaient, ce fut un repas plutôt triste, un repas de désœuvré qui s'ennuyait. Autour de moi, les femmes étaient belles et désirables, l'intérêt qu'elles suscitaient en moi me renvoyait plus cruellement à l'absence de Rachel, et je m'en voulus, une fois de plus, d'avoir agi aussi maladroitement avec elle.

Puis mes pensées revinrent à Günther.

Ce ne fut pas sans frémir que je me rappelai son récit de la matinée. En même temps, je songeai à l'article du *Parisien*. Cette version des faits était pour le moins rassurante. Pourtant, un doute me traversa l'esprit : et s'il y avait vraiment eu un meurtre ? Je haussai les épaules. Cette histoire ne tenait pas debout. Pourquoi un criminel imaginerait-il une mise en scène destinée à révéler sa culpabilité ? C'était absurde. Plus probablement, Laura trompait Günther — rien d'original, compte tenu de leur différence d'âge —, et, après une violente dispute, elle s'était enfuie avec son amant. Rien de plus banal. Là-dessus, Günther, travaillé par ses pulsions sadiques, s'était fait plaisir en me racontant ce qu'il *aurait désiré* faire à Laura. Mais qu'il fût un affabulateur, un pervers et un sadique ne suffisait pas à en faire un assassin.

Quant aux suspicions de Gilbert à propos de l'accident de Jacques et de mon client, elles me parurent relever de la paranoïa policière selon laquelle tout individu est un suspect en puissance et tout accident un assassinat ou une tentative camouflée d'assassinat. Chaque année, il y avait des centaines de voitures accidentées pour des raisons identiques, fallait-il voir une coïncidence troublante chaque fois que les victimes se connaissaient ou exerçaient la même profession ?

Pourtant, je n'étais pas complètement convaincu. Quelque chose m'échappait dans cette affaire. Etait-ce le fait que Günther m'ait indiqué avec autant de précisions l'endroit où se trouvait la preuve de ses allégations ? Une vieille maison abandonnée en face du cimetière de Jolival, à l'angle de la route de Saint-Gratien et de la rue de Raguenet, à Argenteuil. J'étais étonné de m'en souvenir aussi précisément. Nul doute que, si je m'y rendais, je trouverais la preuve en question, bien en évidence pour les besoins de la cause. Mais, fabriquée ou réelle, cette preuve ne me concernait pas ; il était hors de question de répéter l'épisode du Centre Pompidou. « Si votre patient vous raconte qu'il possède des puits de pétrole en Arabie Saoudite, avait ironisé Zlibovic. Qu'est ce que vous ferez ? Vous irez à Riyād vous en assurer ? »

Il avait raison, il importait de rester à sa place. Un coup d'œil à ma montre m'apprit qu'il était presque dix heures, j'avais encore le temps d'aller voir un film. Je fis un signe au serveur, réglai mon repas et entrai dans la première salle de cinéma du

Forum. On y passait un Hitchcock, *Marnie*. Après le mythomane, la kleptomane, cela me convenait tout à fait.

En rentrant, je trouvai mon appartement plongé dans un calme d'une qualité rare. Brusquement, je songeai que je serai peut-être obligé de le mettre en vente. A cette perspective, une violente angoisse m'étreignit, mais le silence qui enveloppait les lieux eut bientôt raison de mes inquiétudes et je m'endormis rapidement. Un instant encore, mes pensées tournèrent autour de Günther et d'une décision impossible à prendre, mais, bientôt, mon sommeil prit des couleurs plus heureuses.

C'était le soir et je me trouvais au secrétariat du dispensaire. Tout d'abord, je ne reconnus pas la pièce, elle était plus vaste et plus éclairée qu'à l'ordinaire. Les murs étaient blancs et recouverts d'un épais crépi et l'on avait décroché tous les tableaux, même *Le 24ᵉ Jour*. Mais le plus étrange, c'étaient les bancs, disposés sur tout le périmètre de la pièce en guise de salle d'attente.

En face de moi, Rachel, les mains posées sur le clavier de sa machine à écrire, attendait que je lui dicte une lettre. Elle portait une robe de couleurs vives qui se boutonnait par le devant. Son décolleté était bien plus ouvert que d'habitude. On aurait dit qu'elle avait fait exprès de le défaire jusqu'à la taille ; ses seins apparaissaient presque dans leur totalité, et il lui suffisait de se pencher légèrement en avant pour en libérer les pointes, roses et érectées.

— Cela vous intéresse-t-il de savoir que je suis nue sous ma robe ? demanda-t-elle en me regardant droit dans les yeux.

Il me semblait avoir déjà entendu cette question,

mais je ne me souvenais plus dans quelles circonstances.

Devant mon mutisme, elle s'enhardit à ajouter d'une voix hésitante :

— On reprend le cas Dominique ?

Cette fois, l'invitation était claire.

— Oui, approuvai-je en faisant le tour de son bureau, le juge attend sa lettre.

Et, me penchant vers elle, je posai mes lèvres sur les siennes. Aussitôt, ses deux bras m'enlacèrent et sa langue se mit à fouiller profondément dans ma bouche. Il y avait dans ce baiser une voracité qui me surprit et me combla tout à la fois. J'y répondis avec la même ardeur. Cette étreinte se prolongea un long moment, au cours duquel nos langues se cherchèrent et roulèrent l'une sur l'autre avec une frénésie que rien ne pouvait arrêter. En même temps, ma main plongea à l'intérieur du décolleté. La peau de Rachel était douce et satinée, et ses seins, ronds et fermes, infiniment réjouissants. J'en agaçai les pointes qui se tendirent à l'extrême.

Puis, abandonnant la bouche de Rachel, mes lèvres descendirent le long de sa gorge. Chacun de mes baisers lui arrachait un soupir voluptueux. Ses mains s'agrippèrent à mes cheveux et un désir fou m'envahit. J'embrassai avidement ses seins, cependant que ma main goûtait longuement au plaisir de se promener sur son ventre, doux et ferme. Sous la douceur de cette caresse, les jambes de Rachel s'ouvrirent. Mais je ne cédai pas tout de suite à la tentation d'enfouir mes doigts dans les boucles de sa toison, que j'imaginais abondamment soyeuse et chaude.

Brusquement, elle me repoussa et, d'un geste impérieux, me montra la machine à écrire.

— La lettre pour le juge ! s'écria-t-elle sur un ton sans réplique.

Je voulus protester.

— Mais, commençai-je, d'une voix hésitante.

— La lettre pour le juge ! répéta-t-elle sur le même ton autoritaire.

Une feuille dactylographiée était engagée dans le rouleau de la machine. Était-ce moi qui l'avait dictée ? Je m'en approchai et, à la lecture des premières lignes, je sentis mes cheveux se dresser sur la tête.

Le contenu de la lettre ne m'était pas totalement inconnu, c'était l'article du *Parisien*, mais le titre et le texte avaient subi quelques modifications.

LE REVOLVER OU LA VALISE ?

C'est entre les deux termes de cette alternative qu'ont hésité les policiers de la brigade criminelle de Paris. Hésitation qui a bien failli coûter la liberté à M. Michel Durand, psychanalyste dans le IXe arrondissement de Paris.

Quelques jours plus tôt, il s'était présenté au commissariat de son quartier pour signaler la disparition d'un de ses patients : M. Günther Bloch. Ce dernier aurait manqué de nombreuses séances et M. Michel Durand craignait de ne pas être payé. Les policiers enquêtèrent auprès du voisinage. Selon certains témoignages, une séance agitée aurait eu lieu dans le cabinet du psychanalyste. Des voisins prétendirent que M. Bloch avait appelé au secours. D'autres auraient même entendu tirer deux coups de feu.

Méfiants, les policiers placèrent M. Durand en garde à vue. Mais très vite leurs soupçons se révélèrent injustifiés.

On découvrit que les détonations provenaient en réalité de l'éclatement d'un pneu. En outre, on retrouva quelques jours plus tard, à l'aéroport de Roissy, une réservation au nom de Günther Bloch pour un avion en partance pour... Rio de Janeiro. L'hôtesse de l'air reconnut formellement M. Bloch lorsqu'on lui présenta une photo. Elle se souvint qu'il n'arrêtait pas de répéter : « L'analyse, c'est terminé, je vais à Rio, mon psychanalyste ne pourra pas me retrouver. » Il aurait tenu des propos identiques à l'agent des douanes qui, lui aussi, le reconnut sans le moindre doute.

M. Durand fut donc relâché, et l'affaire classée. Souhaitons bonne chance à M. Bloch et espérons que M. Durand saura gré aux policiers d'avoir retenu l'hypothèse de la valise plutôt que celle du revolver.

C'est alors que j'entendis une voix murmurer tout près de moi :

— Il ne faut pas croire tout ce que disent les journalistes... Le plus souvent, ils racontent n'importe quoi.

Je me retournai et me retrouvai à côté de Günther Bloch. Il portait le même costume gris foncé que d'habitude et le même diamant ornait le lobe de son oreille gauche. Mais son regard semblait éteint, presque terreux. Nous étions assis sur un des bancs qui faisaient le tour de la pièce. A côté de nous, toutes les places étaient occupées par une foule silencieuse et sombre, qui attendait avec résignation.

— Ce sont des assassins comme nous, expliqua Günther Bloch à voix base. Ils viennent pour se dénoncer des crimes qu'ils ont commis.

Puis, revenant à l'article du *Parisien*, il me dit sur le ton de la confidence :

— En réalité, le psychanalyste a tué son patient.

— Qu'est-ce que vous en savez ?

Pour toute réponse, il ouvrit sa veste et me montra les deux trous qui ensanglantaient sa chemise.

— J'en sais quelque chose... puisque c'est moi la victime.

Je ne trouvai rien à dire, et lui, hochant tristement la tête, soupira :

— Tout de même, ces psychanalystes, ils ont d'étranges méthodes pour se débarrasser de leurs patients !

En face de moi, Rachel me regardait intensément. Ses yeux étaient embués de larmes et je crus y voir un reproche.

« Pourquoi as-tu fais cela ? » semblait-elle demander.

5

A mon réveil, j'étais en sueur, et une violente migraine cognait dans ma tête. Je me levai péniblement, pris une douche, me rasai et me préparai un café très fort, accompagné d'une triple dose d'aspirine.

Au bout d'un moment, la migraine commença à se tasser au fond de mon crâne et je me sentis un peu mieux.

Après avoir allumé une Lucky, je me mis à réfléchir à mon rêve. Bien sûr, il m'avait été agréable d'y retrouver Rachel. Il me semblait que Lisa aussi avait participé à ce rêve. Peut-être les bancs de la salle d'attente, qui me faisaient irrésistiblement penser aux bans de son mariage tant redouté, expliquaient-ils cette association ?

En revanche, l'épisode avec Günther Bloch me mit mal à l'aise. Il semblait confirmer le conseil de Zlibovic de reprendre mon analyse. Sans pouvoir me l'expliquer, je ne doutais pas que cette salle d'attente fût celle d'un analyste et les criminels dont parlait Günther Bloch des patients attendant leur séance.

Mais, pour l'heure, il était hors de question de retourner sur le divan, surtout avec mes problèmes d'argent. De toute façon, je n'avais pas le temps de réfléchir plus avant à cette question : un coup d'œil à ma montre m'avertit que mes premiers patients n'allaient plus tarder.

Ce fut une matinée d'analyse tout à fait ordinaire.

La plupart de mes analysants — en majorité des femmes — venaient depuis plusieurs années et certains étaient en fin de cure.

Les raisons qui les conduisaient chez moi étaient à la fois désespérantes et banales. A croire que l'histoire de l'humanité tenait dans un roman à l'eau de rose. Les femmes n'avaient pour horizon amoureux que leur père — sorte de divinité, adulée ou haïe, selon les circonstances — qu'aucun homme ne parviendrait jamais à égaler. Freud parlait de l'« envie du pénis », et ce qu'elles inventaient pour s'en priver était inimaginable.

Quant aux hommes, ce n'était guère plus original.

Coincés entre une mère qui les avait trop choyés — ou pas assez — et un père, plus ou moins présent, qui avait essayé — souvent maladroitement — de les initier à la vie, leur choix était des plus réduits : soit ils réussissaient de brillantes études, accédaient à des postes enviés, se constituaient un solide compte en banque, collectionnaient les conquêtes féminines, soit ils rataient tout, accumulaient les dettes, perdaient leur emploi, ne payaient plus leurs impôts, se faisaient expulser de chez eux, et multipliaient rancœurs et déceptions amoureuses.

Pourtant, quel que fût le cas de figure, ils en

voyaient de toutes les couleurs, et une telle monotonie évoquait irrésistiblement ces vers de Baudelaire :

C'est l'ennui — l'œil chargé d'un pleur involontaire,
Il rêve d'échafauds en fumant son houka.

L'ennui rêvant d'échafauds... ou de divan me ramena un instant à Günther Bloch.

— Bien, madame, dis-je en me levant de mon fauteuil.

Cette interruption en plein déboires avec ses amants fit sursauter ma patiente. Mais y avait-il meilleure manière de lui signifier que c'était toujours la même chose qui recommençait ?

Elle se leva, un peu étourdie, comme si elle se réveillait d'un long sommeil, posa l'argent sur mon bureau et quitta mon cabinet.

C'était ma dernière patiente de la matinée.

Il était onze heures, il me restait à peine une demi-heure pour me rendre au dispensaire.

La première personne que j'y aperçus fut Rachel. Elle était vêtue d'une robe claire, largement fendue sur le devant, et qui, lorsqu'elle croisait les jambes, dévoilait très haut ses cuisses. Cette tenue avait d'abord fait sourciller le vieux Siemsky, puis il s'était détendu et son visage s'était illuminé d'un chaleureux sourire. Sans doute jugeait-il que cette robe contribuait à égayer l'image du dispensaire dans le quartier.

Pourtant, je n'eus pas le loisir d'admirer très longtemps les jambes de Rachel. Dès mon arrivée, je trouvai dans la salle d'attente un couple âgé d'une cinquantaine d'années qui se leva en m'apercevant. C'étaient les parents de Dominique. Je les fis entrer dans mon bureau. Nadine — l'assistante sociale — nous y accompagna. Elle leur avait déjà exposé nos démarches auprès du juge.

— Les fugues de Dominique, leur expliquai-je, sont la preuve qu'il désire vous retrouver. Même s'il se plaît chez sa nourrice, il a envie de vivre avec vous. Qu'en pensez-vous ?

Ils n'en pensaient rien. L'épouse s'inquiéta seulement des allocations qu'ils percevraient si Dominique revenait au domicile familial. Quant au père, manifestement, revoir son fils le laissait indifférent. Tout au plus dressa-t-il un peu l'oreille au mot « allocations ». En vain Nadine et moi essayâmes d'évoquer les difficultés de leur fils : nous aurions pu aussi bien parler du dernier remaniement ministériel ou des mésaventures du Dow Jones à la Bourse de New York.

A midi, nous déjeunâmes dans un restaurant chinois de Belleville. Presque toute l'équipe se retrouva autour d'une grande table ovale. Rachel était assise à ma droite. Mais, occupée à commenter avec un éducateur et avec Sylvette le dernier film qu'elle avait vu, elle me tournait pratiquement le dos. Quant à moi, je passai une partie du repas à discuter des parents de Dominique avec Nadine.

Vers le café, Siemsky nous régala de ses aventures de jeunesse. C'était un psychiatre de la vieille école, que tout le monde adorait. Il connaissait très bien Raoul Zlibovic, dont il partageait le sens de la courtoisie, de l'humour, et le goût pour les nœuds papillon. Cependant, là s'arrêtait le parallèle. Alors que Zlibovic avait, dès son plus jeune âge, manifesté son intérêt pour la psychanalyse au point de se rendre à Vienne pour rencontrer Freud, Siemsky n'avait cessé de manifester son hostilité à cette thérapeutique.

— Ce n'est pas sérieux, répétait-il. Comment peut-on guérir un malade en l'écoutant raconter des sornettes ? De la compréhension et une chimiothérapie intelligemment administrée, c'est là que réside l'art du psychiatre.

Pourtant, malgré ses préventions contre la psychanalyse, il montrait une grande tolérance et se gardait bien d'imposer son point de vue. Certes, le dispensaire manquait de politique médicale cohérente, mais, en contrepartie, chacun pouvait soigner selon ses choix thérapeutiques. Ce n'était pas négligeable.

Bien entendu, Siemsky se tailla un franc succès en racontant ses mésaventures de jeune interne à la Salpêtrière. A un moment, je fis tomber ma serviette et, en me baissant pour la ramasser, je frôlai le genou de Rachel. Au contact de cette peau, qu'aucune étoffe ne protégeait, je sentis ma gorge se nouer. Sans réfléchir à ce que je faisais, au lieu de retirer ma main, je remontai doucement le long de ses cuisses. A côté de moi, je sentis Rachel se figer, son rire s'arrêta net et je crus qu'elle allait faire un esclandre. Mais il n'en fut rien. Elle ne bougea pas, ne tenta même pas de me repousser. On aurait dit que, tout entière, elle venait de se pétrifier dans l'écoute de cette main qui la caressait sous la table.

Je m'enhardis. Mon cœur battit à tout rompre. J'oubliai le restaurant, les gens qui m'entouraient et qui riaient ensemble. La raison de leur hilarité m'échappait complètement, je me sentais à des années-lumière d'eux et je n'entendais rien de leurs histoires. Seule comptait cette peau qui frémissait sous mes doigts.

Soudain, la main de Rachel se plaqua contre la mienne. Je sursautai, m'attendant au pire. Mais, au lieu de l'éclat tant redouté, je sentis ses ongles s'enfoncer vivement dans ma chair. La douleur fut si violente que je tentai de me dégager, mais elle me retint avec une force dont je ne l'aurais pas cru capable. Je ne fis plus le moindre geste. Le temps me parut interminable. Puis, comme si elle était maintenant assurée de ma docilité, Rachel relâcha un peu sa prise et me guida vers des profondeurs où je n'avais pas osé m'aventurer. Ses cuisses se refermèrent ensuite sur moi et emprisonnèrent ma main dans un étau d'une douceur inouïe.

Paralysé par la crainte de me trahir, je ne bougeai plus. Il me semblait que tous les yeux étaient braqués sur nous et que notre manège allait éclater au grand jour. Mais lorsque, enfin, je me risquai à regarder autour de moi, je m'aperçus qu'on ne nous prêtait pas la moindre attention. Aussitôt ma pensée retourna sous la table. Une nouvelle fois, Rachel desserra son étreinte, et j'en profitai pour progresser. Je regardai furtivement dans sa direction et je la vis se mordre les lèvres pour ne pas crier. Puis, d'un geste décidé, elle écarta ma main et la reposa sur la table. Siemsky était en train de raconter ses déconvenues avec une surveillante de La Pitié et il faisait preuve d'une telle drôlerie que son auditoire riait aux larmes.

Je compris alors que mon aventure n'avait pas duré plus de quelques secondes. En fait le temps de chercher ma serviette par terre. S'il n'y avait pas eu l'empreinte des ongles sur ma main, j'aurais même pu douter de ce qui venait de se passer.

Je me tournai vers Rachel et elle me sourit.

Pourtant l'après-midi ne se déroula pas selon mes

espérances. Il me fut impossible de voir Rachel. Tantôt elle était occupée à une psychothérapie, tantôt elle était en conversation avec Siemsky ou recevait une famille, ou encore dictait une lettre à Sylvette, en sorte que toutes mes tentatives pour la rencontrer échouèrent. Cependant l'heure tournait : j'en avais terminé avec mes derniers patients, j'avais rencontré tous les gens de l'équipe que je devais rencontrer et j'avais dicté tout le courrier imaginable à la secrétaire, il ne me restait plus aucune raison de m'attarder au dispensaire. En désespoir de cause, je laissai mon numéro de téléphone sur le bureau de Rachel en lui proposant de m'appeler pendant le week-end.

Mais, en quittant le dispensaire, j'avais le sentiment qu'elle ne le ferait pas.

Il me restait encore un peu de temps avant mon rendez-vous avec Florence à *La Closerie*. Je rentrai chez moi prendre une douche et me changer. Avant de partir, je fus tenté d'appeler chez Rachel pour laisser un message sur son répondeur, mais je préférai éviter de la relancer.

Longtemps *La Closerie des lilas* fut le lieu de rencontre des analystes. Les choses avaient changé, mais on y rencontrait toujours une clientèle élégante et un tantinet snob, qui appréciait d'être vue dans cet endroit.

Lorsque je poussai le tourniquet de l'entrée, le bar était noir de monde et le piano contribuait à créer cette atmosphère un peu délicate et mélancolique que j'appréciais beaucoup.

Florence m'attendait au restaurant. Elle me fit signe et un serveur me conduisit à sa table.

Nous étions restés longtemps sans nous voir ; je la

trouvai toujours aussi désirable et maîtresse d'elle-même. Fidèle à ses habitudes, elle était vêtue avec recherche. Son ensemble de soie verte, rehaussé d'un discret clip en diamant, lui allait parfaitement et soulignait ses formes de façon légèrement provocante, ce qui était sans doute l'effet recherché.

Pourtant, j'eus beau la trouver séduisante, la magie avait cessé d'opérer et, peut-être à cause de Rachel qui occupait mon esprit, il me sembla que la distance qui nous séparait avait encore augmenté.

Un serveur nous apporta la carte. Je commandai un dîner composé exclusivement de poissons et arrosé de vin d'Alsace.

— J'ai regretté de ne pas t'avoir vu au séminaire, me dit-elle après que le garçon nous eut laissés.

— Je n'ai pas eu le temps, et puis il faut reconnaître que je ne suis pas très en forme.

— C'est vrai, tu as l'air fatigué, remarqua Florence en me dévisageant d'un air inquiet. Qu'est-ce qui ne va pas ?

J'hésitai quelques instants.

— Des ennuis, finis-je par admettre, la banque et un patient compliqué.

— Où en es-tu avec ton crédit ?

— C'est très simple, depuis que mon agent de change a fait faillite, je dois neuf cent mille francs à la banque.

Elle me regarda d'un air incrédule.

— Neuf cent mille francs ! s'exclama-t-elle, effrayée. Mais où vas-tu les trouver ?

— Pas la moindre idée. J'ai vendu la BMW à quelqu'un qui a eu la riche idée de se planter. S'il se révèle que l'état de la voiture était défectueux, il est possible que j'aie à rembourser. Pour le reste, j'ai demandé un prêt à la Mutuelle. Si on me l'accorde, je pourrai peut-être négocier un nouveau crédit à la banque. Sinon, il faudra que je trouve rapidement une riche veuve à épouser. Faute de quoi j'ai toutes les chances de me retrouver avec un huissier sur le dos.

— Pour la pension de Mathieu, ça peut attendre, commença-t-elle, et...

— C'est très chic de ta part, fis-je en lui prenant la main, mais ce n'est pas ça qui va résoudre mon problème. La somme dont j'ai besoin est bien trop importante.

Son regard se posa sur les griffures que m'avait faites Rachel. Elle s'abstint de toute remarque mais retira sa main de la mienne.

— Il faut vendre l'appartement, dit-elle. Avec la perte de tes actions, tu ne pourras pas t'en sortir. Vends-le avant qu'il ne soit saisi.

C'était le bon sens même, mais je ne pouvais m'y décider. J'avais tellement investi dans cet appartement que si je m'en séparais un pan entier de ma vie s'écroulait. Assurément, cet attachement était maladif et pouvait, à lui seul, constituer une raison de reprendre une analyse.

— Tu as raison, mais j'ai un mal fou à me défaire de cet appartement... C'est une partie de moi-même.

Elle me regarda d'une curieuse façon.

— C'est possible, mais partie de toi-même ou non, le jour où il sera saisi tu seras bien obligé de t'en séparer. Autant le faire dans des conditions avantageuses.

Un sommelier nous apporta le vin dans un seau à glace. Après me l'avoir fait goûter, il emplit le verre de Florence. Puis on nous servit une terrine de saumon.

— Et tes autres ennuis ?

— Oh ! Une histoire assez compliquée avec un patient mythomane qui prétend avoir assassiné sa femme.

Et je lui racontai toute l'histoire avec Günther Bloch, je lui fis part de mes doutes et des réserves de Zlibovic. Lorsque je lui avouai que j'avais vérifié les allégations de Günther à Beaubourg, ses yeux s'arrondirent démesurément.

— Mais tu es complètement fou ! s'exclama-t-elle. Zlibo a cent fois raison, il faut arrêter ça !

Elle se tut quelques instants avant d'ajouter :

— Toi qui aimes tellement donner des leçons de psychanalyse aux autres, je ne comprends pas comment tu as réussi à te mettre dans une pareille situation. Où as-tu déniché un patient aussi tocard ?

Cette remarque m'irrita. Elle n'allait pas recommencer à me servir du donneur de leçons ! Mais je n'avais aucune envie de reprendre la vieille querelle qui avait fait les beaux jours de notre mésentente conjugale, aussi je me contentai de répondre, un brin provocateur :

— C'est un ancien patient de Silbermann.

Sa réaction fut immédiate.

— Ça ne tient pas debout ! s'exclama-t-elle, indignée. Jamais Jacques ne se serait mis dans une telle situation.

A la manière dont elle avait bondi, il me parut évident que ses rapports avec Silbermann ne s'étaient pas limités à une simple collaboration professionnelle, ce dont je me doutais depuis longtemps.

— Je n'ai jamais dit que Jacques s'était mis

dans la même situation que moi, rectifiai-je, mais seulement qu'il s'agissait d'un de ses patients.

— Je ne crois pas, fit-elle en secouant la tête, Jacques me parlait de tous ses patients et je ne me souviens pas qu'il ait seulement fait allusion à un cas de ce genre.

Je repensai à la liste que Gilbert m'avait soumise. Les affirmations de Florence contribuaient aussi à innocenter Günther. Elles montraient qu'il n'avait pas été en analyse avec Silbermann et que, par conséquent, il ne pouvait pas avoir tenté de l'assassiner. Il devenait évident que j'avais affaire à un affabulateur.

— Tu en es sûre ? demandais-je.

— Absolument, ton type s'est moqué de toi. Il a utilisé Jacques pour te convaincre de le prendre en analyse. Il savait certainement que vous vous connaissiez. Tu aurais vraiment intérêt à t'en séparer... tout comme de ton appartement.

A ce moment, un garçon apporta nos soles meunière. Nous attendîmes en silence qu'il ait terminé de nous servir. Florence avait un air songeur, vaguement préoccupé.

— Ton histoire me rappelle quelque chose, dit-elle lorsque nous fûmes seuls. Elle me fait penser à un drôle de type que j'ai reçu la semaine dernière. Il semblait effondré. A l'en croire, tout dans sa vie avait été une catastrophe, sa femme qui ne l'avait jamais aimé et qui venait de le quitter, ses enfants qui étaient partis en emportant ses économies, l'Administration qui lui faisait des difficultés pour sa retraite. Bref, le marasme total. Moi, je ne comprenais pas très bien sa demande. Voulait-il faire une analyse ou retrouver sa famille ? Dans ce cas, ce n'était pas à moi qu'il fallait s'adresser. Je le lui ai fait remarquer et il a eu une attitude très curieuse. Il s'est mis à me raconter son enfance, ses désirs incestueux pour sa mère, sa haine pour son père. Œdipe n'aurait pas fait mieux. Il donnait l'impression de connaître ses classiques et de venir les réciter... à un examen.

Cette histoire me rappelait trop le comportement de Günther pour ne pas m'intriguer.

— Et qu'as-tu fait ?

— Que voulais-tu que je fasse ? Je l'ai recalé, pardi ! Manifestement ce type ne venait pas pour une analyse. Le plus curieux, c'est qu'il ne s'en est pas du tout formalisé. Quand je lui ai dit que je ne le prenais pas, il a eu l'air de trouver ça tout à fait normal.

— Il voulait peut-être te tester.

— Quel intérêt ? En tout cas, la raison pour laquelle il est venu me voir m'échappe complètement. Ce qui est sûr, c'est que j'ai eu le sentiment de me trouver en face d'un type bizarre, avec qui tout pouvait arriver.

— A quoi ressemblait-il ?

— A rien de particulier. Figure-toi un petit type banal, habillé de sombre, une sorte de fonctionnaire médiocre, avec un comportement de faux jeton... Sans aucun doute un pervers. Pourtant, il y a quelque chose qui m'a paru tout à fait étonnant...

— Quoi donc ?

— C'était très curieux et ça ne correspondait pas du tout à son allure... Il portait une sorte de diamant à l'oreille gauche.

Je faillis m'étrangler.

— Un diamant ? Tu en es sûre ?

Ma réaction parut la déconcerter.

— Evidemment, je n'ai pas eu la berlue.

Elle me regarda d'un air curieux, presque méfiant.

— Pourquoi me demandes-tu ça ? Il ne s'agit tout de même pas de ton patient ?

Il aurait mieux valu lui dire la vérité, mais, sans bien comprendre pourquoi, je choisis de ne rien en faire.

— Non, dis-je, après une courte hésitation, ce n'est pas mon patient.

Est-ce que je comptais vraiment l'abuser avec un aussi piètre mensonge ? Il en fallait bien davantage pour la duper. Elle parut perplexe, hésitante sur l'attitude à adopter, puis, s'approchant de moi, elle murmura sur le ton de la confidence :

— Il y a une autre raison pour laquelle j'ai refusé de prendre cet individu en thérapie... J'ai eu le sentiment que c'était quelqu'un de très dangereux.

Je sursautai.

— Dangereux ?

— Oui, capable de tout... même d'un meurtre.

— C'est ridicule ! m'exclamai-je en haussant les épaules. Pourquoi un tel individu serait-il allé te voir ?

Malgré tous mes efforts, je n'arrivais pas à paraître aussi dégagé que je l'aurais voulu. Ce qu'elle disait correspondait à ce que je ressentais et elle le savait parfaitement.

— C'est la première fois que j'ai eu peur avec un patient, reprit-elle. Pourtant, je me suis déjà trouvée en face de déments dangereux. Là, c'était différent, ce type n'agit pas sous le coup d'une impulsion, mais de façon parfaitement raisonnée et froide. Je suis sûre qu'il avait une idée derrière la tête en venant me voir. Il a vu que ça ne marchait pas et il a laissé tomber.

— Si tu ne te sentais pas à l'aise en face de ce patient, dis-je, tu as bien fait de ne pas le recevoir.

Elle haussa les épaules. Une sorte de gêne s'était installée entre nous, qui interdisait toute parole. Je préférai changer de sujet.

— Comment va Mathieu ?

Elle sourit.

— Très bien. Il t'attend avec impatience pour demain. J'espère que tu n'as pas oublié que c'est ton week-end.

— Ne t'en fais pas, je lui ai même acheté son Game-Boy.

— Alors il sera ravi de te voir, répondit-elle en riant.

Le reste du dîner se passa de façon maussade. Nous nous dépêchâmes de terminer nos desserts et, contrairement à l'habitude, nous ne bûmes pas de café au bar.

Une fois dehors, Florence prit congé de moi rapidement. J'avais l'impression qu'elle était pressée de me quitter. Elle m'embrassa distraitement, monta dans sa voiture et démarra immédiatement.

En la regardant s'éloigner, je songeai que je n'aurais pas dû lui mentir.

Ce soir-là, je mis longtemps à m'endormir. Les révélations de Florence à propos de Günther Bloch — car je ne doutai pas qu'il se fût agi de lui — m'avaient énormément troublé. Etait-ce le hasard qui l'avait conduit chez mon ex-épouse ou cette démarche était-elle préméditée ? Peut-être s'agissait-il d'un mythomane suffisamment fortuné pour errer d'un analyste à l'autre ? Et puis il y avait Jacques

Silbermann. Günther avait-il été en analyse chez lui ou avait-il seulement inventé cette histoire pour m'amadouer ? Et de nouveau cette histoire d'accident de voiture. Autant de questions auxquelles j'étais incapable d'apporter le plus petit début de réponse.

Un instant, je songeai à en parler à Gilbert, mais, aussitôt, je rejetai cette idée. La défiance que m'inspirait Günther ou la prévention de Florence contre lui ne signifiaient rien aux yeux d'un policier. Si Günther était un criminel, ça concernait la police, mais il fallait des faits. Si c'était un mythomane, ça concernait un psychiatre, en l'occurrence moi.

Il n'y avait pas à sortir de là.

Finalement, je me ressaisis. Etait-il vraiment important de trouver des réponses à toutes ces questions ? A l'évidence, Günther était un patient étrange, passant probablement son temps à courir les analystes. Et pas seulement Florence. Rien n'empêchait après tout qu'il fût en thérapie chez deux ou trois autres confrères et qu'il se gardât d'en parler. Florence avait eu le nez assez fin pour ne pas se laisser prendre. Cela n'avait pas été mon cas. A moi d'en tirer les conséquences. Ou bien cette thérapie aboutissait, ou bien il serait toujours temps d'y mettre un terme. Dans les deux cas, il fallait savoir patienter et, surtout, plus que jamais, rester un analyste, rien d'autre qu'un analyste.

Sur ces bonnes résolutions, je parvins enfin à m'endormir.

Le lendemain, samedi, j'allai chercher Mathieu chez Florence. Il m'attendait dans sa chambre, ou plutôt il attendait son jeu électronique.

— Génial ! s'exclama-t-il en m'arrachant le Game-Boy des mains.

Et, sans me laisser le temps de lui en expliquer le fonctionnement, il l'alluma et commença une partie. J'aurais pu aussi bien ne pas être là, ça n'aurait pas fait beaucoup de différence.

Mathieu était un délicieux petit garçon de sept ans, au visage légèrement allongé, aux cheveux châtain clair et aux grands yeux sombres. J'appréciais sa fossette au menton et surtout ses longs cils noirs qui lui donnaient un air de jeune premier romantique et conféraient à son visage, lorsqu'il se mettait à réfléchir — ce qui lui arrivait souvent —, une expression de profonde gravité.

— Où est maman ? lui demandai-je en osant l'interrompre dans ses activités électroniques.

Sans lever la tête de son Game-Boy, il me montra une porte.

— Là, dit-il. Elle s'est enfermée avec un névrosé... Et il y en a trois autres qui attendent dans le salon. Heureusement que tu es venu me chercher, parce que lorsque les névrosés sont là, je n'ai plus le droit de courir dans l'appartement.

— Elle en reçoit beaucoup de névrosés ?

— Ça n'arrête pas, j'ai l'impression qu'on n'est plus chez nous.

Je ne pus m'empêcher de sourire, mais il me parut préférable de ne pas déranger Florence et nous quittâmes l'appartement sans la voir.

La journée se passa selon un scénario maintes fois éprouvé. Nous déjeunâmes dans un Mac Donald's — Mathieu en raffolait, il y aurait même pris son petit déjeuner. Ensuite, il voulut aller au cinéma. Les films pour enfants ne manquaient pas. Je proposai bien la piscine, mais Mathieu se montra intraitable. Malgré la chaleur de plus en plus estivale, il voulait, au moins pour la centième fois, revoir *La Belle au bois dormant*. Finalement, après force négociations, je parvins à le convaincre d'aller au zoo de Vincennes. En réalité, je fus plus directif que persuasif, mais c'était la seule manière d'être entendu.

Il faisait un temps splendide et une foule importante se pressait devant les cages. Bientôt, abandonnant sa mine boudeuse et ses préventions contre le zoo, Mathieu se passionna pour les animaux. Les ours, autruches, chameaux, crocodiles, girafes et autres spécimens exotiques eurent rapidement raison de ses dernières réticences. Il s'arrêta longuement devant l'éléphant. Ce dernier, que je soupçonnais de cabotinage, se tailla un vif succès auprès des enfants et, en quelques minutes, il réussit à faire le plein de cacahuètes pour la semaine. Même intérêt pour les singes, que leur singulière humanité rendait absolument fascinants.

J'étais heureux, la journée s'annonçait réussie.

Pourtant, à la fauverie, je sentis une sorte de malaise me gagner. C'était l'heure du repas et les tigres se jetèrent sur leurs quartiers de viande, qu'ils déchirèrent avec une férocité impressionnante. Vaguement effrayé par ce spectacle, le public, protégé par une double rangée de barreaux, regardait en silence. Je ne me plaisais guère dans cette salle. La pénombre dans laquelle nous étions plongés, l'odeur puissante des fauves, le vacarme de leurs rugissements, tout cela contribuait à créer une atmosphère un peu lourde et j'avais hâte de m'en aller.

C'est alors que je me retournai et que je le vis

ou, plus exactement, que je crus le voir. Vêtu de son éternel costume gris, Günther Bloch nous regardait, Mathieu et moi, en ricanant. Etait-ce vraiment lui ou une hallucination due à la pénombre ? J'eus la tentation d'aller vérifier, mais je me ravisai : ma mésaventure au Centre Pompidou m'avait servi de leçon. Alors, craignant peut-être qu'il n'arrivât malheur à Mathieu, je me rapprochai de lui et serrai sa main de toutes mes forces.

Lorsque je me retournai de nouveau, Günther Bloch avait disparu.

Je n'attendis pas davantage et, malgré les protestations de Mathieu, qui voulait maintenant voir le repas des lions, nous quittâmes précipitamment le zoo.

J'arrêtai un taxi et je le ramenai chez Florence. Elle parut étonnée de nous voir rentrer si tôt, mais elle ne fit aucun commentaire.

Ce fut seulement dehors que je retrouvai mes esprits.

Bien sûr, je n'avais aucune certitude qu'il se fût réellement agi de Günther Bloch, mais je ne pouvais m'empêcher d'être inquiet.

J'avais le sentiment d'une menace qui planait en permanence sur moi et qui n'était pas près de me lâcher.

6

En recevant Günther Bloch, le surlendemain, mes inquiétudes s'apaisèrent un peu.

C'était la fin de l'après-midi. A le voir débarquer dans son éternel costume gris et étriqué, un *France-Soir* sous le bras, je réussis à me convaincre qu'il n'y avait pas grand rapport entre le Günther que j'avais cru reconnaître au zoo et le patient qui s'allongeait sur le divan, avec un air plein de componction.

Il croisa les mains sur sa poitrine et attendit un peu avant de prendre la parole.

— J'admets, dit-il, ne pas avoir été très convaincant la dernière fois.

— Oui ? fis-je dans un chuchotement.

Mais il se méprit sur le sens de mon intervention et crut que j'abondais dans son sens.

— C'est aussi votre avis, n'est-ce pas ? Quelle idée de vous raconter une histoire pareille sans vous en donner les tenants et les aboutissants. Ce devait être absolument incompréhensible, même avec la meilleure volonté du monde. Aussi convient-il que je fournisse les éclaircissements nécessaires à la bonne intelligence de cette affaire.

De nouveau, il se tut, attendant peut-être un encouragement. Faute de réaction de ma part, il commença :

— Il est curieux pour un assassin d'organiser une mise en scène qui l'accable, n'est-ce pas ? Vouloir que ma femme ameute tout le quartier en hurlant que je l'assassine peut paraître étrange... même à un analyste. En fait il importait que la police se livrât à quelques vérifications...

Il s'interrompit pour me demander :

— Est-ce que vous vous souvenez de l'article du *Parisien* ?

Je n'en avais pas oublié un mot : *Mais très vite les soupçons de la police se révélèrent injustifiés. En effet, Mme Bloch avait été aperçue, le lendemain, quittant son domicile avec une valise.*

— Exactement ! triompha-t-il, comme s'il lisait dans mes pensées. Les soupçons de la police se sont révélés injustifiés ! C'était où je voulais en venir. Il fallait d'abord qu'on me soupçonne, qu'on fasse une enquête et que, contrairement, aux allégations de mes voisins, on établisse que Laura était encore vivante. Peut-on être mieux innocenté qu'après avoir été suspecté ? Surtout lorsque c'est la police elle-même qui se charge de vous innocenter.

« Pourtant, de nombreux témoignages concordent pour dire que Laura est encore en vie », pensai-je.

— Foutaises ! s'exclama-t-il, Foutaises ! Les gens qui prétendent avoir vu Laura ont vu, en réalité, une femme qui lui ressemblait, qui portait ses vêtements, qui avait son passeport, mais qui n'était pas Laura Bloch.

Et, sans doute satisfait de lui, il s'arrêta un instant pour savourer l'effet qu'il croyait avoir produit.

— De qui s'agissait-il ? reprit-il. C'est évidemment la question qui vient à l'esprit. Pour que vous compreniez, il faut savoir que j'avais préparé l'élimination de Laura de longue date. Pour quelles raisons voulais-je m'en débarrasser ? Vous le saurez en temps voulu, pour le moment, rappelez-vous que je ne laisse jamais rien au hasard.

Nouveau silence, puis :

— Je vous avais expliqué la dernière fois que je ne cherchais pas à rendre la réalité flatteuse pour moi, vous allez vous rendre compte à quel point la modestie peut être salutaire. Mon idée, c'était de persuader le voisinage et, par voie de conséquence, la police que je n'étais qu'une sorte de retraité médiocre que son épouse trompe allègrement. Un type un peu ridicule et risible. Rien de tel pour qu'on vous fiche la paix. Les gens vous saluent avec un air de commisération, rient dans votre dos et s'en tiennent à l'image qu'ils ont de vous. Evidemment, Laura n'était pas du genre à avoir des amants. Trop dépressive pour ça. Vous vous souvenez combien il m'avait été difficile de la faire crier avant de l'assassiner. Dans ces conditions, l'adultère... peu concevable. De toute façon, cela n'avait aucune importance. Le problème, c'était que, une fois Laura assassinée, il se trouvât des gens hautement crédibles pour jurer qu'elle avait un amant. Je me suis attelé à résoudre cette question de la manière la plus efficace qui soit...

Nouvelle interruption. Mais, ne voyant toujours pas de réaction, il poursuivit :

— J'ai cherché une autre Laura... ou plutôt

quelqu'un qui lui ressemblât. L'idée peut paraître simpliste, mais je vous assure qu'elle est efficace. La véritable difficulté était de trouver la femme... surtout pour l'envoyer à Rio de Janeiro. J'ai pensé que le mieux était de m'adresser à une prostituée. Lorsqu'on couche avec le premier venu pour de l'argent, on peut tout accepter si on est payé en conséquence. Et c'est ainsi que je me suis mis à traîner du côté de Pigalle et de la rue Saint-Denis en quête de l'oiseau rare. En fait, pas si rare : des brunes qui auraient pu passer pour Laura, il y en avait des dizaines. En trouver une qui acceptât le marché que je lui proposais, c'était moins facile que je ne l'avais cru. Ah ! je vous assure que j'ai dû en supporter des passes ! Combien de fois suis-je monté avec une de ces filles dans une chambre d'hôtel sordide ! Je peux me vanter maintenant de connaître tous les tarifs qui se pratiquent sur la place de Paris, depuis la prostituée haut de gamme des Champs-Elysées ou de la Madeleine jusqu'à celle minable de la rue de Budapest ou du boulevard Barbès. Pourtant, quel que fût le niveau d'excellence ou de misérabilisme, c'était toujours la même présentation standard de la chose : « Je te fais ci, c'est tant ; je te fais ça, c'est tant. » Alors quand j'expliquais que ce n'était pas pour ci ou pour ça que je venais, mais pour un aller et retour au Brésil, on me prenait pour un demeuré et on me fichait dehors, non sans avoir auparavant exigé des émoluments.

Cette histoire me fit penser à Gabriel et à la manière dont il essayait de résoudre ses problèmes d'impuissance.

— Vous n'avez jamais été tenté de faire l'amour avec une de ces femmes ? me hasardai-je.

Il éclata de rire.

— Vous plaisantez, cher docteur ! Ou bien vous n'avez rien compris. Mon problème, c'était de trouver un alibi pour le meurtre de Laura, pas de chercher à faire l'amour.

C'était probablement une des premières fois que l'on abordait la question du sexe, Il aurait fallu arrêter la séance là-dessus, mais je cédai à l'envie de savoir la suite. Ce faisant, je ne me conduisis pas en analyste, et j'eus tort.

— Finalement j'ai renoncé aux prostituées. La présence d'un proxénète ou le fait d'être fichées par la police leur interdisait certainement d'accepter ma proposition. Après mûre réflexion, je me suis décidé pour les danseuses de peep-show. Il me semblait que des filles qui montraient leur anatomie sous toutes les coutures pour une bouchée de pain ne pouvaient qu'être réceptives à mes propositions. En outre, j'imaginais, à tort ou à raison, qu'il n'y aurait pas de problème de proxénète. J'ai donc entrepris la tournée des peep-shows. Il m'a fallu subir, derrière une glace sans tain, les exhibitions peu ragoûtantes que vous imaginez, mais, heureusement pour moi, cela n'a pas duré. Très rapidement, j'ai découvert la femme brune dont j'avais besoin. Sa ressemblance avec Laura dépassait mes espérances. Elle s'appelait Nina et se produisait — elle se produit toujours d'ailleurs — au *Crazy-Sexy*, un peep-show de la rue Saint-Denis, près de la rue Rambuteau. Dès que j'ai vu Nina, j'ai demandé à la rencontrer dans un salon particulier. Instruit par mes expériences précédentes, j'étais décidé à frapper très fort. D'entrée de jeu, je lui ai proposé cent mille francs, tous frais payés. En entendant ce chiffre, elle a ouvert des yeux d'une telle cupidité que j'ai compris que c'était gagné : elle aurait même accepté la moitié. Pour ce qui concernait l'amant supposé de Laura, il n'y a eu aucun problème. Nina se produisait dans un spectacle où elle faisait l'amour sur scène...

Il répéta sur un ton vaguement dégoûté :

— L'amour sur scène, vous voyez le genre... Bref, elle m'a proposé son partenaire... artistique. La chance était de mon côté. Figurez-vous que le partenaire en question était brésilien et qu'il n'avait qu'une idée en tête : revoir son pays. Malheureusement pour lui, il n'avait pas un sou. Je n'ai eu qu'à lui proposer le billet d'avion pour Rio et quelques milliers de francs en prime. Pour lui, c'était une aubaine. Pour moi aussi. Sa nationalité rendait encore plus crédible mon histoire. L'escapade que j'avais imaginée devenait un retour au pays. La suite est facile à deviner. Quelques rencontres à Argenteuil entre Nina, déguisée en Laura, et son partenaire, de manière à persuader le voisinage que mon épouse avait un amant. Il ne m'a pas fallu attendre bien longtemps pour m'apercevoir que c'était gagné. Les sourires en coin, les allusions un peu appuyées des commerçants me firent bientôt comprendre que j'étais devenu la fable du quartier. A croire que la place de cocu m'attendait de toute éternité. Le lendemain du meurtre, je m'étais arrangé pour que l'on vît Laura, une valise à la main, rejoignant son amant... Et ils sont partis pour Rio de Janeiro. Pour le passeport de Nina, aucun problème, elle avait celui de Laura. Quant à son amant, il était en possession d'un authentique passeport brésilien. La police a donc fait son enquête ; il y avait suffisamment de témoignages concordants des voisins, de l'hôtesse de l'air et surtout de l'agent des douanes pour qu'on soit convaincu de la fugue de Laura. Quelques jours plus tard, Nina est rentrée discrètement en France, sous son véritable nom, tandis que, officiellement, Laura Bloch était restée au Brésil. On n'a pas cherché à en savoir davantage. Les démêlés conjugaux d'un retraité n'intéressent personne. On s'en est tenu aux résultats de l'enquête. Là-dessus, l'article du *Parisien* est venu, en quelque sorte, officialiser ma mésaventure, la hisser au rang de fait divers ou, plutôt, de comédie de boulevard. Et le tour était joué. Pour tout le monde, je ne suis qu'un paisible rentier ridicule et cocu. Il n'y a que deux personnes au monde qui connaissent la vérité : vous et moi.

« Vous et moi », c'était à mon sens le pire moment pour interrompre la séance, mais celle-ci n'avait que trop duré et j'allais être en retard pour le patient suivant.

— Bien, monsieur, dis-je en me levant.

Contrairement à la fois précédente, il ne fit aucune objection pour se lever. Il devait considérer qu'il en avait terminé et j'eus alors le sentiment pénible que, une fois de plus, c'était lui qui avait dirigé la séance.

Il laissa son argent sur le bureau, reprit le *France-Soir* qu'il y avait posé, et jeta un rapide coup d'œil sur *Le 24e Jour*. En quittant la pièce, il se retourna pour me dire avec un petit ricanement :

— Si votre patient suivant est Sébastien, autant vous prévenir… il n'est pas près d'arriver.

Mon patient suivant était Gabriel, si bien que je ne pris pas garde à son avertissement.

Quelques minutes plus tard, le professeur d'éducation physique était sur le divan, impatient d'entonner la louange des peep-shows et autres sex-shops. J'en avais ma dose. Ce n'était pas thérapeutique, mais dès les premières paroles je lui donnai son congé. En matière de séance rapide, Lacan n'aurait pas fait mieux.

Gabriel se leva éberlué, paya et partit sans demander son reste.

Il ne me restait plus qu'à attendre Sébastien.

L'attente fut d'autant plus longue que la séance de Gabriel avait été courte. Je songeai à ce que m'avait dit Günther en partant. D'où tenait-il cette information ? Vraisemblablement, il avait voulu me bluffer, comme il me bluffait avec la mort de sa femme.

Coup d'œil à ma montre : la séance de Sébastien était maintenant largement entamée et il ne se manifestait toujours pas. L'inquiétude commença à me gagner. Au cours d'une séance, Günther m'avait laissé entendre qu'il connaissait Sébastien. Ce dernier lui avait-il confié qu'il ne viendrait pas ? L'explication ne tenait guère : Günther se chargeant des commissions des autres patients, c'était inconcevable.

L'heure tournait et je ne pouvais rien faire d'autre qu'attendre. Installé à ma fenêtre, fumant cigarette sur cigarette, scrutant les passants de l'avenue pour essayer de découvrir parmi eux un Sébastien échevelé, courant avec son éternel cartable à la main. Le plus préoccupant dans ce retard était l'intention manifestée par Sébastien de se rendre à Paris la veille pour ne pas manquer sa séance. Peut-être avait-il été victime d'un contretemps, mais je n'arrivais pas à m'en convaincre. A cet instant, mon soulagement à le revoir aurait été tel que, même avec deux heures de retard, je l'aurais accepté.

Finalement, je dus me rendre à l'évidence, il était

inutile d'attendre plus longtemps. La mort dans l'âme, je quittai mon cabinet en m'efforçant de ne plus penser à Sébastien.

Dans la soirée, je devais participer à un séminaire, animé par Florence, sur le thème : « Interprétation du symptôme et structure du refoulement ». Pour l'heure, ces questions théoriques se situaient à des années-lumière de mes préoccupations. Malgré tous mes efforts pour ne pas y penser, l'absence de Sébastien, sans doute parce qu'elle m'avait été annoncée par Günther, ne laissait pas de me tracasser.

Brusquement, je me souvins que j'avais rendez-vous avec Zlibovic en fin de journée. A guetter l'arrivée de Sébastien, j'avais complètement oublié ma séance de contrôle. Pourtant, cet oubli ne m'affecta pas outre mesure. Qu'aurais-je raconté au vieux Zlibovic ? Que, malgré mes bonnes résolutions, j'étais incapable de conduire l'analyse de Günther Bloch ? Que je maîtrisais de moins en moins ce qui arrivait ? Et que je n'étais plus sûr d'être à ma place dans un fauteuil d'analyste ?

Je me doutais parfaitement des réponses qu'il m'aurait faites : reprenez votre analyse et vous verrez plus clair en vous-même.

Mais je n'étais pas encore décidé à suivre ce conseil.

Le lendemain, j'arrivai au dispensaire en début d'après-midi.

Nadine m'annonça que Dominique venait enfin de réintégrer le domicile familial. Mais il ne fallait pas se faire d'illusion sur les parents, ils ne recevaient leur fils que pour les allocations. Je l'écoutai d'une oreille distraite.

— Ecoutez, Nadine, dis-je en l'interrompant au milieu d'une phrase, est-ce que vous pouvez me rendre un service ?

Elle me regarda, surprise.

— Quel service voulez-vous ?

Je sortis un carnet de ma poche.

— Pouvez-vous appeler ce numéro ?

Cette fois, l'incompréhension se peignit sur son visage.

— Pourquoi n'appelez-vous pas vous-même ?

— C'est... c'est un peu délicat. Il s'agit d'un de mes patients... Il aurait dû venir hier à sa séance. Mais je ne l'ai pas vu... Je voudrais savoir s'il ne lui est rien arrivé... de fâcheux.

Je me serais déguisé en Iroquois qu'elle ne m'aurait pas regardé autrement. Nadine était suffisamment avertie des questions concernant la psychanalyse pour saisir l'incongruité d'une telle demande. Sur le coup, je crus qu'elle allait me rire au nez.

— Vous faites ça avec tous vos patients ? ironisa-t-elle.

— Nadine, c'est sérieux, il peut vraiment avoir eu des ennuis.

— Dans ce cas, il vaut mieux que vous vous en assuriez vous-même.

— Ça me gêne beaucoup. Vraiment, vous me rendriez service si vous appeliez.

Devant mon insistance, elle prit mon carnet et regarda le numéro. Visiblement, je l'ennuyais.

— Et qu'est-ce que vous voulez que je lui dise à votre patient ?

— N'importe quoi... Il est professeur de philo.

Dites-lui que vous êtes une collègue d'un lycée voisin, que vous avez besoin d'un cours sur Platon et que votre proviseur vous a conseillé de l'appeler. Ça n'a aucune importance. Je veux simplement vérifier qu'il est là.

Au regard qu'elle me lança, j'aurais juré qu'elle me prenait pour un de ces cas sociaux ou de ces anormaux dont elle s'occupait ordinairement. Néanmoins elle composa le numéro indiqué.

Le téléphone sonna plusieurs fois sans résultat.

— Vous voulez que je laisse encore sonner ?

— Non, ça ira. Merci, Nadine, c'est chic de votre part.

— Oh, il n'y pas de quoi, marmonna-t-elle en raccrochant.

Puis elle se dirigea vers la porte en ajoutant :

— Je vous parlerai une autre fois de Dominique... Aujourd'hui, vous ne semblez pas tout à fait dans votre assiette. Il vaut mieux attendre que vous soyez rassuré sur votre protégé.

— Entendu, dis-je, et merci encore.

Le reste de la journée fut pénible.

Rachel n'étant pas disponible, je m'occupai seul des thérapies. Percevant d'emblée mon état d'agitation, les enfants se montrèrent réticents à toute coopération. Les feuilles de papier ou les pâtes à modeler destinées à leur libre expression se transformèrent en autant de projectiles qui volèrent à travers la pièce. Plus d'une fois, je dus faire preuve d'autorité pour ramener le calme dans les psychothérapies. Ce qui était la dernière des choses à faire : mon rôle ne consistait pas à jouer au pion dans une salle d'études. Ce fut probablement pour cette raison que mes jeunes patients, retrouvant l'ambiance familière de leurs collèges, se montrèrent aussi insupportables qu'avec leurs enseignants. Bref, l'inconscient juvénile n'était pas au rendez-vous.

Ensuite, il me fut impossible de voir Rachel. Soit elle était en réunion avec Siemsky — « le patron a l'air de beaucoup apprécier sa compagnie », me confia en riant une éducatrice —, soit elle était en consultation. Bref, j'avais l'impression que tout conspirait contre moi.

Touchée par mon désarroi, Sylvette me proposa une de ses tisanes aux vertus apaisantes.

C'était un infâme breuvage que, peut-être par désir de mortification, j'avalai jusqu'à la dernière goutte.

— Si vous en donniez à vos patients, je suis sûre qu'ils iraient mieux, me dit-elle.

Une telle candeur avait de quoi faire sourire.

— Vous voyez ! s'exclama Sylvette sur un ton de triomphe, ça va déjà mieux ! Vous avez retrouvé votre bonne humeur.

Que pouvais-je objecter à cela ? Sylvette n'était certainement pas une secrétaire géniale, mais elle pouvait se montrer meilleure psychologue qu'on ne le croyait. En tout cas, lorsque, enfin, je réussis à trouver Rachel dans son bureau, je me sentais d'humeur plus avenante. En voyant la robe qu'elle portait, je compris pourquoi Siemsky tenait aussi souvent à la consulter.

La journée était terminée, il ne restait plus que nous deux au dispensaire. Mais cette situation, qui aurait dû me combler, me mit tout de suite mal à l'aise. A cause de ce qui s'était passé au restaurant, elle introduisait un climat d'intimité infiniment troublant et paralysait en moi toute initiative. Je me sentis embarrassé, incapable de trouver quelque chose à dire. Rachel était installée derrière son bureau et jouait nerveusement avec le *Libération* qu'elle lisait à mon arrivée.

Ce fut elle qui rompit le silence.

— Ça n'a pas l'air d'être une très bonne journée pour vous.

Cette remarque détendit un peu l'atmosphère.

— C'est le moins qu'on puisse dire, reconnus-je en m'asseyant en face d'elle. Rien n'a marché correctement, surtout avec les gosses. Les séances ont tourné à la salle d'études et je me suis transformé en surveillant chahuté.

— Je sais, répondit-elle en souriant, je suis passée une ou deux fois devant votre bureau, il y avait un de ces raffuts...

— Vous auriez dû entrer, ça aurait calmé la situation.

Elle éclata de rire.

— Pour recevoir des boulettes en papier ! Merci bien ! J'ai été pionne lorsque j'étais étudiante, c'est une expérience que je ne tiens pas à renouveler.

— Vous avez raison, fis-je. En tout cas, aujourd'hui, je n'étais pas en forme.

Elle se tourna légèrement et ouvrit une petite armoire.

— J'ai de quoi vous requinquer, dit-elle en sortant deux verres et une bouteille qu'elle posa à côté du journal sur la table.

— Ah non ! protestai-je. Vous n'allez pas, vous aussi, me proposer un breuvage à la Sylvette !

Ma réponse parut la stupéfier.

— Eh bien ! s'exclama-t-elle, effectivement, vous n'étiez pas bien pour accepter la potion qui guérit tout. Je parie que Sylvette vous en a conseillé pour vos patients.

— Pourquoi ? Vous l'avez essayée aussi ?

Cette question déclencha de nouveau son hilarité.

— Oh non ! Je m'en garderais bien. Il faudrait que je sois sacrément déprimée pour me lancer dans une aventure pareille. Mais, ajouta-t-elle en retrouvant son sérieux, ce que je vous propose est autrement plus radical... Jack Daniel's, ça vous va ?

— Je ne savais pas que vous étiez ainsi équipée. Vous en offrez aussi à vos patients ?

— Seulement pour la thérapeute... et pour ses amis, précisa-t-elle en remplissant les deux verres et en m'en tendant un. A la vôtre !

— A la vôtre, fis-je en vidant mon verre d'un trait.

— Eh bien, vous avez une bonne descente... Un autre ? proposa-t-elle en me tendant la bouteille.

Je refusai et, de nouveau, un silence embarrassé s'instaura entre nous.

Finalement, je me décidai.

— Pourquoi n'avez-vous pas appelé ce week-end ?

Sans doute s'attendait-elle à cette question car elle ne manifesta aucune surprise.

— Si je vous disais que je n'étais pas libre, ce ne serait pas tout à fait exact... J'y ai pensé... mais admettons que je n'ai pas eu envie de précipiter les événements et...

Elle ne termina pas sa phrase et se mit à contempler son verre d'un air songeur.

Je pris mon courage à deux mains.

— J'ai beaucoup aimé ce qui s'est passé la dernière fois au restaurant, murmurai-je d'une voix mal assurée.

Cette fois, elle ne s'y attendait pas. D'un geste brusque, elle renversa son verre sur la table et s'en servit derechef un autre, qu'elle vida d'un seul coup.

— Moi aussi, dit-elle, comme on se jette à l'eau.

Elle remplit de nouveau son verre et me tendit la bouteille d'une main un peu tremblante.

— Je pense que vous en avez besoin autant que moi.

Mais, délaissant son offre, je me levai et fit le tour du bureau pour la rejoindre.

Rachel ne bougea pas. L'odeur de son corps, mêlée à celle du bourbon, me parut vertigineuse. Son visage se tourna vers moi et, brusquement, nos lèvres se rejoignirent avec la même fougue que dans mon rêve. J'eus l'impression qu'elle allait me dévorer la bouche. Cette sensation me rendit fou. Je voulus lui arracher sa robe afin de me repaître de sa nudité, mais, devançant mon désir, elle se leva et, d'un simple mouvement, fit glisser son vêtement à terre. Le cœur battant, je restai un long moment à la contempler, incapable du moindre geste, pressentant qu'il me serait impossible de jamais me rassasier totalement de ce corps.

Je la saisis par la taille et l'aidai à se hisser sur la table. Ses jambes se glissèrent entre les miennes et, y rencontrant mon désir, s'y amarrèrent puissamment. Cette frénésie redoubla mon excitation, mes mains se déchaînèrent sur elle. Sa peau était aussi douce et satinée que je l'avais rêvé, ses seins me réjouirent de la même façon. Je ne pus résister à la sollicitation de leurs pointes tendues à l'extrême et ma bouche s'en empara avec une avidité gloutonne. La respiration de Rachel se fit haletante, je l'entendis gémir, implorer, prononcer des mots dont le sens m'échappait et auxquels je ne pouvais répondre qu'en redoublant de caresses.

Puis, abandonnant sa poitrine, je descendis le long de son ventre. Ses mains s'agrippèrent à mes cheveux, guidant ma progression en même temps qu'elles l'entravaient. Bientôt j'allais la posséder et mon impatience devenait de plus en plus difficile à maîtriser.

Je n'avais rien connu de semblable depuis une éternité. Un monde était en train de mourir, et de cette agonie émergeait ce corps prestigieux, serré contre moi, avec une fureur égale à la mienne. Tous les déboires, les peurs, les angoisses que j'avais pu accumuler au cours des dernières semaines furent emportés d'un seul coup, balayés par la tourmente qui s'était emparée de nous. Un instant, je songeai à Lisa, recroquevillant ses jambes sur le divan. Elle me parut incroyablement lointaine et ses avances perdirent d'un seul coup tout intérêt. Grâce à Rachel, je me retrouvais moi-même et j'atteignais la bonne distance avec Lisa.

Au comble de l'excitation, je commençai à ôter mes vêtements lorsque mon regard tomba sur le *Libération* posé sur la table.

D'un seul coup, je me sentis pétrifié.

Ce fut aussi violent qu'une décharge électrique. Tout d'abord, je n'en crus pas mes yeux, mais il n'y avait aucune erreur possible : c'était bien la photo de Sébastien qui s'étalait sur la première page du journal, juste en dessous du titre en lettres grasses :

L'ENIGME DU CHARLEVILLE-PARIS

Qu'est-ce qui se passe ? demanda Rachel en se redressant d'un air égaré.

— Là ! fis-je, incapable d'en dire plus.

Peut-être s'attendait-elle à trouver un scorpion ou une gigantesque araignée sur la table car elle se leva d'un bond, mais, en voyant le journal, une expression de totale incrédulité se peignit sur son visage.

— Je ne comprends pas, dit-elle, vous n'êtes pas bien ?

Mais, je ne prêtai aucune attention à sa question.

— Le salaud ! m'exclamai-je en saisissant *Libération*. Il l'a assassiné !

L'article se trouvait dans les pages intérieures. Je lus fébrilement :

Le dimanche 19 mai, vers vingt heures, un homme est tombé du train sur la ligne Longwy-Paris. L'alarme a été immédiatement donnée, mais l'homme a été traîné sur plusieurs centaines de mètres avant que le train ne s'immobilise. Les employés de la S.N.C.F. ont découvert son corps complètement déchiqueté et méconnaissable le long de la voie ferrée, à la hauteur de Rethel. Grâce aux papiers qu'il portait sur lui, on a pu découvrir qu'il s'agissait de Sébastien Morin, âgé de trente ans, demeurant à Charleville-Mézières.

Après une rapide enquête, la police a déterminé qu'il vivait seul à la cité La Houillère et qu'il était professeur de philosophie au lycée technique de Charleville-Mézières. Bien entendu, l'annonce de cette mort a jeté la consternation dans l'établissement. On savait Sébastien Morin enclin à la dépression, mais, tout en reconnaissant qu'il avait tendance à se refermer sur lui-même et à s'isoler, aucun de ses collègues n'a voulu croire à un suicide. Quant au proviseur, il n'envisageait pas un seul instant cette éventualité : « Bien sûr, devait-il admettre, M. Morin présentait des phases de mélancolie, mais nous étions là pour le soutenir. Et puis, c'était un professeur très consciencieux, parfois un peu débordé par ses élèves, mais toujours préoccupé de leur intérêt. Il avait été très bien noté lors de sa dernière inspection. Le suicide ne me semble donc pas à retenir. »

La police, elle, préfère attendre les résultats de l'enquête et de l'audition des témoins. Suicide, accident, meurtre ? Pour le moment, aucune hypothèse n'est écartée.

Quant aux élèves, si beaucoup se disent attristés par cette disparition, certains n'hésitent pas à manifester leur soulagement : « On avait une dissert pour la semaine prochaine, on n'y comprenait rien. Maintenant on est tranquilles. »

Pas pour longtemps, car un remplaçant est attendu dans les prochains jours.

Je repliai le journal et me tournai vers Rachel :

— Ecoutez, dis-je en me dirigeant vers la sortie, je dois partir... Excusez-moi, mais j'y suis obligé... Je n'ai pas le temps de vous expliquer.

Elle ne répondit rien. Elle s'était rhabillée pendant que je lisais le journal et me regardait avec des yeux embués de larmes.

Exactement comme dans mon rêve.

7

Une fois dehors, j'arrêtai un taxi et je me fis conduire avenue Trudaine. Tout se bousculait dans mon esprit. Que Günther fût un assassin ne faisait désormais aucun doute. Il importait d'en avertir la police au plus vite.

Arrivé chez moi, je téléphonai à Gilbert. A l'autre bout du fil un de ses adjoints m'informa que le commissaire Chapireau était absent mais qu'il serait à son bureau en fin de soirée.

— Dites-lui que Michel Durand a essayé de le joindre, répondis-je, il me connaît.

J'allai à la fenêtre et allumai une Lucky Strike. La mort de Sébastien m'avait sonné, je me sentais aussi groggy qu'un boxeur se relevant d'un K.-O. Florence avait raison, Günther Bloch était un homme dangereux, un sadique glacial et déterminé, d'autant plus redoutable qu'il n'agissait pas sur le coup d'une impulsion. Ma Lucky n'était pas terminée que j'en allumai une nouvelle avec le mégot de la précédente, mais la fumée qui se déversait en longues inhalations dans mes poumons ne parvenait pas à me calmer.

Bientôt, il m'apparut inutile de rester à attendre

un hypothétique appel de Gilbert. Son adjoint avait été incapable de m'indiquer l'heure de son retour. Il était en mission et pouvait aussi bien revenir maintenant ou à deux heures du matin. Je branchai le répondeur et descendis acheter les journaux du soir, que j'allai lire au *Jean-Bart*. Ils ne m'en apprirent pas davantage que *Libération*.

L'enquête n'était pas suffisamment avancée pour que l'on pût déterminer avec certitude si Sébastien était tombé du train ou si on l'avait poussé. Quant à l'éventualité d'un suicide, les enquêteurs ne semblaient pas y accorder une importance démesurée. Cette hypothèse ne me paraissait pas non plus très crédible. J'imaginais mal qu'on pût se suicider avant une séance. La plupart des patients s'y rendent avec l'espoir que ce sera enfin la bonne, que leur vérité les y attend et que sa découverte mettra fin aux malheurs qui accablent leur existence. Espoir incroyablement futile, mais tenace au point que j'en arrivais à considérer que, tout compte fait, l'analyse était une affaire de prochaine séance.

Je commandai un autre whisky. La lecture des journaux, l'ambiance du café, l'alcool qui me brûlait la gorge et une consommation effrénée de Lucky, tout cela contribua à me détendre un peu.

Un instant, je pensai que Günther pouvait avoir pris connaissance de la mort de Sébastien dans les journaux. Il était venu à sa séance avec *France-Soir* dans sa poche. Après tout, l'occasion aurait été trop belle de laisser entendre qu'il pouvait être responsable de cette mort. Mais je rejetai aussitôt une telle hypothèse : l'information était parue aujourd'hui, mardi 21 mai, et c'était la veille que Günther m'avait annoncé l'absence de Sébastien. Il ne pouvait pas l'avoir appris par la presse.

Il fallait que j'en aie le cœur net. Où Günther voulait-il en venir ? S'ingéniait-il à s'accuser de crimes dont il me laissait ensuite découvrir les preuves qui l'innocentaient, comme il l'avait fait pour Laura ? Ou, au contraire, s'escrimait-il à me démontrer sa culpabilité en me proposant, chaque fois, une preuve plus convaincante que la précédente ? Je m'égarai dans mes réflexions, passant sans cesse d'une hypothèse à l'autre sans pouvoir retenir une solution satisfaisante. Finalement, je pris une décision. Peut-être allai-je commettre une nouvelle erreur, mais l'inaction me devenait insupportable, il fallait absolument tenter quelque chose. J'appelai le serveur, réglai ma consommation et sortis.

Il était un peu plus de huit heures. J'avais toute la nuit pour exécuter mon projet.

La 205 de Florence était au parking. Elle n'avait pas roulé depuis longtemps et j'eus quelques difficultés à la faire démarrer. Il fallut plusieurs tentatives pour que le moteur se décidât enfin à tourner.

Sur le siège passager se trouvait un guide de Paris et de ses environs. « Il vous enverra à Riyād », m'avait prévenu Raoul Zlibovic. Plus modestement, il m'envoyait à Argenteuil, dans une vieille maison située en face du cimetière de Jolival, à l'angle de la route de Saint-Gratien et de la rue de Raguenet. Je m'étonnai d'avoir retenu avec une telle précision les indications de Günther. Au fond, je devais déjà être décidé à m'y rendre quand il me les avait données.

La circulation était tellement dense — partout on

avançait au pas — qu'il me fallut plus d'une heure pour atteindre la porte d'Asnières. Là, je m'engageai sur la nationale 309 et filai sans trop de difficulté en direction d'Argenteuil que j'atteignis en moins de temps que pour traverser Paris. Il n'était pas loin de neuf heures et demie et la nuit commençait à tomber. Les rues étaient désertes, bordées pour la plupart de petits pavillons à l'allure frileuse, repliés silencieusement sur eux-mêmes. Loin d'apporter la moindre paix à ces lieux, le silence évoquait la solitude et l'ennui. Un ennui épais, étouffant, aux effets ravageurs, ferment d'angoisse et de folie.

Je finis par me perdre.

Il aurait été difficile qu'il en fût autrement dans ces alignements monotones de rues, toutes semblables, et dont beaucoup ne portaient aucune indication. Je tournai et retournai, passant tantôt entre des rangées de pavillons effarants de mimétisme, tantôt dans des cités à l'architecture futuriste et incroyable. Et, dans ce désert de béton, désespérément vide, je ne trouvai personne pour m'indiquer mon chemin. La nuit était maintenant complètement tombée et, plus d'une fois, il me fallut descendre de voiture pour lire, en m'éclairant avec une lampe, le nom d'une rue sur une plaque. De telles initiatives déclenchaient immanquablement les aboiements des molosses alentour, et je regagnais ma voiture avec autant de hâte que si j'avais la meute à mes trousses.

Finalement, après avoir emprunté l'immense avenue de Stalingrad, je parvins à découvrir, dans son prolongement, la route de Saint-Gratien. Je la suivis et arrivai bientôt au croisement qu'elle formait avec la rue de Raguenet et la rue de Maully. Le cimetière se trouvait à ma droite, j'y jetai un coup d'œil à travers la grille. On aurait dit que l'environnement avait déteint sur ce lieu tant les tombes et les caveaux ressemblaient à des pavillons de banlieue, étriqués et mesquins. Il ne manquait plus que le jardin et le chien de garde. Avec l'éclat des téléviseurs filtrant à travers les pierres tombales, l'illusion aurait été complète.

De l'autre côté de la rue se trouvait la vieille maison dont parlait Günther. C'était plutôt une bicoque en bois vermoulu, encore plus sinistre que le cimetière, et qui faisait penser à une cabane de garde-chasse abandonnée depuis des années.

Je m'en approchai doucement. Les indications de Günther Bloch étaient exactes, il y avait une sorte de perron en bois devant l'entrée et la terre autour semblait assez friable. La porte était entrouverte. Je la poussai avec une extrême prudence, redoutant de trouver quelqu'un à l'intérieur. Pendant un long moment, je restai devant l'entrée, retenant mon souffle, sans oser avancer davantage. Mais il ne se passa rien et mes yeux commencèrent à s'habituer à l'obscurité. Manifestement, la cabane était composée d'une pièce unique, au centre de laquelle trônait une immense table. Le long des murs, je discernais une foule d'objets hétéroclites qu'il m'était impossible d'identifier. Je m'enhardis à allumer ma torche et à entrer. Derrière la table se trouvait une chaise qui faisait face à l'entrée. Il n'y avait pas d'autre mobilier. Le sol était jonché de mégots et, sur la table, plusieurs cendriers étaient pleins à ras bord. C'était la seule trace de vie avec un vieux sac de couchage à moitié replié dans un coin. L'endroit devait être régulièrement visité. Le tout était de savoir si c'était par Günther Bloch ou par des squatters. A cette pensée, je sentis l'inquiétude me gagner. L'heure tournait et je ne tenais pas du tout à me faire surprendre dans ce lieu.

Je rebroussai chemin lorsque je m'arrêtai, sidéré. J'en croyais à peine mes yeux : posées contre le mur, à côté de la porte, une pelle et une pioche semblaient m'attendre. Il me fallut quelques instants pour me remettre de mon étonnement. Günther savait que je viendrais. Dans sa certitude, il avait fait preuve d'une incroyable prévoyance, au point de se douter que j'aurais oublié le matériel nécessaire pour creuser. Difficile, dans ces conditions, de ne pas admettre la manipulation. Je me demandai ce qu'aurait pensé Zlibovic s'il me voyait. Peut-être valait-il mieux ne toucher à rien et rentrer immédiatement à Paris ? Mais, au point où j'en étais, il aurait été encore plus stupide de faire croire que je n'étais pas venu.

Au pied du perron, la terre avait été fraîchement retournée. Günther aurait-il voulu me signifier l'endroit où il fallait chercher qu'il ne s'y serait pas pris autrement. De toute façon, je ne me voyais guère passant la nuit à retourner le sol autour de la cabane. Serrant rageusement les dents, j'empoignai la pelle et je me mis au travail.

Bientôt, je m'aperçus que la terre était seulement friable en surface. A mesure que je creusais, elle devenait de plus en plus résistante et je dûs m'aider également de la pioche. Lorsque, enfin, l'extrémité de ma pelle heurta un objet métallique, j'étais en nage. Mais Günther ne m'avait pas facilité la tâche. A cet endroit, la terre était aussi dure que le roc et il me fallut encore creuser près d'une heure avant de découvrir l'objet en question. C'était une boîte en fer de forme carrée. Aussitôt, j'abandonnai mes outils et emportai la boîte dans ma voiture.

Elle contenait une vieille robe toute froissée que j'examinai à la lumière du plafonnier. Une robe d'été à en juger par la légèreté de l'étoffe. Selon toute vraisemblance, elle avait dû appartenir à Laura Bloch. Avant son départ pour Rio ou avant son meurtre ? C'était bien sûr toute la question.

Je retournai le vêtement dans tous les sens, curieux de découvrir ce qu'il était supposé m'apprendre. Bientôt, je fus frappé par la différence de couleur — ou plutôt de ton — et de consistance entre les différentes parties de la robe. A certains endroits, l'étoffe était jaune clair, à d'autres, elle était sombre et poisseuse, comme si elle était maculée de sang. Pourtant Günther prétendait avoir étouffé sa femme. Brusquement, je compris. Ce que j'avais crus être du sang n'était en réalité que l'huile dont il avait aspergé Laura. La robe avait été placée là pour le confirmer.

Mais au lieu de m'apporter une certitude cette découverte me laissa perplexe. Cela prouvait tout et ne prouvait rien. Günther m'avait fourni ce qu'il fallait pour corroborer le récit du meurtre de sa femme, mais pas assez pour en faire une preuve contre lui. Rien n'empêchait qu'il ait, lui-même, maculé d'huile une vieille robe de Laura. Il avait suffisamment le sens de la mise en scène pour y avoir pensé.

Je mis le moteur en marche et regagnai rapidement Paris. Curieusement, j'éprouvais une sorte de soulagement. Non d'avoir élucidé quoi que ce soit dans cette affaire, mais de me sentir enfin au clair avec moi-même et, surtout, libéré de Günther. Son cas dépassait mes compétences ; dans ces conditions, il valait mieux m'en séparer. Je ne pouvais être son thérapeute et me laisser manœuvrer aussi facilement. La raison de mon expédition à Argenteuil était claire : je me préoccupais moins de le soigner que de découvrir s'il était ou non un assassin. C'est pourquoi, même si je ne me faisais pas grande illusion sur l'utilité d'une telle démarche, j'étais maintenant décidé à vérifier son histoire de peep-show. Si je découvrais une preuve de sa culpabilité, je préviendrais la police... sinon il irait se faire analyser où il voudrait, mais il ne devait plus compter sur moi.

C'était la solution la plus sage et je me sentis presque soulagé en arrivant à Paris.

Mon répondeur téléphonique était saturé de messages. La plupart provenaient de confrères qui m'avertissaient des prochains groupes de travail. Certains s'inquiétaient de ne pas m'avoir vu aux dernières réunions, mais je n'étais guère dans une période de réflexion théorique. Un appel de Gilbert retint mon attention : il voulait que je passe à son bureau le plus vite possible. Il y avait aussi un message de la banque m'invitant également à lui rendre visite dans les plus brefs délais. Ce dernier appel m'inquiéta, nous étions convenus d'une quinzaine de jours pour que je puisse trouver les fonds nécessaires à une nouvelle négociation. L'agence aurait-elle changé d'avis ?

Je crus être arrivé au bout de la bande lorsque je reconnus la voix de Günther. Il m'annonçait qu'il ne pourrait venir à la séance du lendemain et s'excusait de me prévenir à la dernière minute. Cette nouvelle m'irrita, il me faudrait patienter encore quelques jours avant d'en finir avec lui. Mais surtout, j'eus le sentiment qu'il avait attendu mon retour d'Argenteuil pour me prévenir. Probablement, savait-il que je m'y étais rendu, peut-être m'y avait-il suivi ?

Il me fallut du temps avant de trouver le sommeil. Je pensai à Rachel et j'eus le sentiment d'avoir gâché un événement exceptionnel.

— Je suppose que ton coup de téléphone avait trait à la disparition de Sébastien Morin, dit Gilbert en m'offrant une cigarette qu'il alluma avec son briquet.

— En effet.

— Pourquoi as-tu attendu aussi longtemps avant de te manifester ?

Cette question me parut, pour le moins, inattendue.

— Je ne comprends pas, me manifester où ?

— Nous avons trouvé l'agenda de Sébastien Morin. Il y était mentionné de nombreux rendez-vous avec toi. C'est d'ailleurs en apprenant que c'était un de tes patients que j'ai voulu m'occuper de cette affaire. D'après son agenda, il devait te voir lundi après-midi. Exact ?

— Tout à fait.

— Il n'est donc pas venu à sa séance. Pourquoi n'as-tu pas prévenu la police ?

A moins qu'il n'eût des doutes à propos de Günther, je ne voyais pas du tout où il voulait en venir.

— Que veux-tu dire ? Je t'ai appelé quand j'ai lu

la nouvelle dans les journaux. Je ne vais tout de même pas prévenir la police chaque fois qu'un de mes patients manque une séance.

Il me regarda d'une curieuse façon.

— Tu n'étais donc pas au courant de son décès au moment de la séance ?

Bien sûr, il y avait l'information de Günther, mais il me parut préférable de ne pas y faire référence pour l'instant.

— Non, fis-je d'une voix mal assurée.

Il me tendit un *France-Soir*.

— Ce n'est pas là que tu as appris la nouvelle ?

— Non, pas dans ce journal.

— Dommage, ça t'aurait évité d'attendre... C'est l'édition de la mi-journée du lundi 20 mai.

J'y jetai un coup d'œil. Un court entrefilet rapportait la mort de Sébastien. Il commençait de la même façon que l'article de *Libération*.

Le dimanche 19 mai, vers 20 heures, un homme est tombé d'un train entre Rethel et Reims. Il a été tué sur le coup. Il s'agit de Sébastien Morin, âgé de trente ans et demeurant à Charleville-Mézières. Dépêchée sur les lieux, la police n'a pu encore déterminer s'il s'agissait d'un meurtre, d'un suicide ou d'un accident.

Je regardai Gilbert, sans cacher ma stupeur.

— Ce journal est paru lundi ?

— Très exactement à midi. Qu'y a-t-il d'étrange ?

Il n'y avait rien d'étrange, au contraire, tout devenait limpide. Günther avait simplement appris dans *France-Soir* l'accident de Sébastien. Il en avait aussitôt profité pour semer le doute dans mon esprit. Force était de reconnaître qu'il y avait pleinement réussi. En tout cas, j'avais eu raison de n'avoir rien dit à Gilbert.

— Si j'avais lu ce journal, j'aurais su pourquoi le malheureux Sébastien n'était pas venu à sa séance. C'est dans *Libération*, le lendemain, que j'ai appris son accident.

Gilbert secoua la tête d'un air approbateur.

— C'est juste, à part dans *France-Soir*, la nouvelle ne figurait nulle part ailleurs ce jour-là... J'ai vérifié.

— Qu'est-il arrivé à Sébastien ? On ne l'a tout de même pas assassiné ?

— Non, cette hypothèse n'a pas été retenue. Plusieurs témoins l'ont vu actionner la porte donnant sur la voie et tomber immédiatement, happé par la vitesse du train, je suppose. Leurs témoignages se recoupent et nous n'avons pas trouvé la moindre trace de lutte qui aurait pu faire penser à un meurtre. La gendarmerie de Charleville ne lui a découvert ni ennemi, ni femme, ni maîtresse. Une solitude désespérante. Il n'avait plus de famille, seulement quelques vagues cousins qui se souvenaient à peine de lui. Dans ces conditions, je ne vois pas qui aurait pu lui en vouloir.

— Qu'est-ce que tu attends de moi alors ?

— Que tu nous aides à comprendre ce qui est arrivé. On le disait dépressif, ça explique qu'il venait te voir...

Il s'interrompit et tira sur sa cigarette d'un air songeur.

— Selon toi, c'est un suicide ou un accident ?

— Quelle importance ? Il est mort et personne ne se soucie de lui, même pas dans son lycée.

— La police se soucie de lui... Il importe d'expliquer sa mort pour boucler un dossier, quand bien même ça n'aurait aucun intérêt. Alors, tu pencherais pour un suicide ?

— Ça y ressemble mais je n'y crois pas... Pour la simple raison qu'il était en analyse. Cela signifie qu'il voulait s'en sortir.

— Et tu ne crois pas que l'on puisse se suicider lorsqu'on est en analyse ? demanda-t-il ironiquement. Par exemple, lorsque le traitement ne donne pas les résultats escomptés.

Je vis se profiler le vieux débat qui nous opposait.

— Ce n'est pas impossible, mais c'est rare. En tout cas, ça ne correspond pas à ce que je sais de Sébastien. Il avait vraiment l'intention de s'en sortir et c'est arrivé alors qu'il se rendait à une séance. L'expérience montre que l'on a toujours l'espoir que la prochaine séance sera la bonne. Si l'on doit se suicider, ce serait plutôt après, lorsqu'on croit avoir découvert que tout vous accable et que c'est fichu.

Il ouvrit un tiroir de son bureau et en sortit un numéro du *Quotidien du médecin*.

— Je sais, j'ai lu ça dans un de tes articles : « De la psychanalyse comme système d'accompagnement. » D'après ce que j'ai cru comprendre, aussi longtemps qu'on va voir un psychanalyste, on est assuré de rester en vie.

Je le regardai étonné.

— Tu t'intéresses à la théorie, maintenant ?

— Ça m'arrive, mais pour en revenir à ton hypothèse, je la trouve un peu osée. Comment peux-tu dire que c'est un accident ? Ce n'est pas facile d'ouvrir une porte donnant sur la voie. Et, même s'il s'agit d'une erreur, on a largement le temps de s'en apercevoir.

— Les choses ne sont pas aussi tranchées. Je ne

crois pas que Sébastien ait délibérément mis fin à ses jours. Il souffrait d'insomnies et, malgré mes mises en garde, faisait un usage exagéré de somnifères. Il est possible que, sous l'influence d'un narcotique, il ne se soit pas aperçu qu'il se trompait de porte. Une autopsie permettrait d'y voir plus clair.

Cette explication lui convint parfaitement.

— Les résultats de l'autopsie confirment ce que tu dis. On a découvert dans le corps de Sébastien Morin de fortes quantités de valium. Par ailleurs, selon les gens qui voyageaient avec lui, il ne semblait pas dans son état normal. Certains pensent qu'il était drogué.

— Si tu le savais déjà, pourquoi toutes ces questions ?

Il se mit à rire.

— Tu connais la police... Elle prêche le faux pour savoir le vrai.

— Même avec les amis ?

— Avec tout le monde. C'est une méthode de travail. Dernière question : c'est toi qui prescrivais les somnifères ?

Non, les analystes ne donnent pas de médicaments. Je l'ai longuement expliqué dans un autre article du *Quotidien du médecin*. Si tu ne l'as pas, je peux te le faire parvenir, ajoutai-je perfidement. En tout cas, pour ce qui concerne Sébastien Morin, il devait s'adresser à un confrère à Charleville.

— Eh bien, tout me paraît clair dans cette affaire. Nous pourrons fermer le dossier dès que nous l'aurons trouvé. On déjeune ensemble ?

— Ce ne sera pas possible, dis-je en consultant ma montre. Je suis en retard et mes premiers patients ne vont pas tarder. Tu ne voudrais pas que l'un d'entre eux mette fin à ses jours parce qu'il ne m'aura pas trouvé ?

Il sourit.

— Tu as raison, nous avons suffisamment de travail comme ça. Je suis désolé de t'avoir importuné, s'excusa-t-il en me raccompagnant, mais tu sais, dans la police, on ne peut pas toujours ménager les gens. On se voit une autre fois, tu me rappelles ?

— Entendu, fis-je en lui serrant la main.

En réalité, ce n'était pas tout à fait exact, j'avais largement le temps de déjeuner avec lui, mais je préférais rester seul pour réfléchir à ce que je venais d'apprendre. Je me rendis directement avenue Trudaine et m'installai à la terrasse du *Jean-Bart*. Le serveur, qui me connaissait, m'apporta le plat du jour, accompagné d'un demi pression.

Les informations de Gilbert disculpaient Günther. L'accident était la cause la plus probable de la mort de Sébastien. Je pensais plutôt à un acte manqué, favorisé par un abus de somnifères. Bien sûr, il n'avait pas intenté à sa vie de manière délibérée, mais l'influence d'un tranquillisant pouvait avoir libéré des pulsions de mort qu'il maîtrisait mal. C'était d'ailleurs la raison de sa présence chez moi. A cet égard, il me fallait reconnaître, non sans tristesse, que l'analyse avait échoué.

En tout cas, Günther était innocent. Les apparences plaidaient en sa faveur. Mais, contre toute vraisemblance, je n'étais pas convaincu. N'avait-il pas justement prétendu qu'il était un « homme d'apparences » ? Bien sûr, j'avais eu raison de me taire devant Gilbert. Rien n'étayait mes soupçons et, en cas d'accusation, Günther n'aurait pas manqué de brandir le journal qui l'innocentait. Cela ne me suffisait pourtant pas et j'étais décidé à en apprendre le plus possible sur cet homme.

Je regardai ma montre. Il était temps de monter. Quel que fût le chagrin que me causait la disparition de Sébastien, je ne pouvais m'attarder davantage. L'analyste était semblable à l'artiste, même avec la mort d'un patient, il continuait.

Mon premier patient était précisément Günther.

J'allai fumer une Lucky à la fenêtre en l'attendant. Bien sûr, Günther avait prévenu de son absence ; pourtant, je me devais d'être là. L'analyse a ceci de particulier que toute séance, même si on n'y vient pas, est due. Cette règle vaut dans les deux sens. Un patient peut annoncer qu'il sera absent et venir quand même. Rien ne l'empêche de changer d'avis puisque, de toute façon, il devra payer. Freud parlait de « location du divan ». Cette expression un peu étrange est juste. Le patient dispose, pour un certain temps, du divan, et il en use par sa liberté de parole ou par son absence.

Ma cigarette était presque terminée et il ne s'était toujours pas manifesté. Dehors, la chaleur avait encore gagné quelques degrés et un soleil éclatant illuminait l'avenue. Une foule nombreuse se pressait à la terrasse des cafés. Plusieurs fois il me sembla reconnaître Günther parmi les passants. Mais chaque fois, je me trompais. Je soupirai, ennuyé. Cette absence me contrariait. Aussi longtemps que rien ne pourrait être dit, Günther continuerait d'être mon patient, même s'il ne venait pas.

Un bruit de sonnette retentit. Je remis ma veste, éteignis ma cigarette et allai ouvrir.

C'était Lisa.

Je faillis ne pas la reconnaître.

La femme qui se trouvait devant moi n'avait qu'un rapport lointain avec la Lisa à laquelle j'étais habitué. Elle avait brusquement vieilli de plusieurs années. Sa manière d'être, son allure, sa tenue vestimentaire s'étaient radicalement transformées. Toute fantaisie, tout désir de plaire semblaient avoir disparu chez elle. Son tailleur sombre, à la coupe irréprochablement classique, ses souliers à talons plats et ses cheveux blonds tirés en un austère chignon lui donnaient l'apparence d'une vieille demoiselle puritaine et rigide. En l'espace de quelques jours, elle était devenue le contraire d'elle-même.

Je ne sais si elle remarqua ma réaction ; en tout cas, elle n'en laissa rien paraître et me précéda, sans mot dire, jusqu'à mon cabinet.

— Vous êtes surpris, n'est-ce pas ? s'enquit-elle, une fois allongée. Vous n'êtes pas le premier à réagir de cette façon. A mon travail, ils n'en revenaient pas. Lisa l'hystérique, la nymphomane, prête à se jeter dans les bras du premier type qu'elle rencontrait, transformée en vieille fille prude...

Elle s'interrompit et poussa un profond soupir. Il me sembla qu'il y avait une grande tristesse dans sa voix.

— Que vous est-il arrivé ? demandai-je.

— Un événement très heureux, répondit-elle, je viens d'épouser Henri.

— Comment ?

La question avait jailli de mes lèvres, presque malgré moi.

Elle eut un petit rire amer.

— Qu'y a-t-il d'étrange à cela ? Les bans étaient publiés, je vous l'avais dit, non ? Ce tailleur sombre qui vous étonne tellement, c'est ma robe de mariée. Depuis deux jours, je m'appelle Mme Fontaine. C'est bien la preuve qu'il ne faut jamais dire : « Fontaine, je ne boirai pas de ton eau. »

Mais elle se ressaisit et continua d'une voix qu'elle s'efforça de rendre convaincante.

— Vous ne le croirez pas, mais je suis comblée, j'ai découvert le bonheur et c'est à Henri que je le dois. Il m'a fait comprendre ce qu'est l'amour. Le véritable amour. Longtemps j'ai cru que c'était seulement une affaire de plaisir charnel, mais je viens de comprendre combien je m'étais égarée dans la recherche de choses dégoûtantes.

— Dégoûtantes ?

— Oh ! ne faites pas l'innocent, vous savez parfaitement de quoi je parle. Avant, je ne pensais qu'à...

Apparemment, la suite avait du mal à venir.

— Continuez.

— ... à... à me faire... sauter ! Voilà, je l'ai dit. Vous êtes content ?

A la manière dont elle avait prononcé ce mot, je retrouvai la Lisa que je connaissais. Elle y avait mis une telle gourmandise qu'il me parut évident que sa conversion était illusoire.

— Longtemps, j'ai désiré ces turpitudes, reprit-elle sur un ton empreint de nostalgie. En réalité, je voulais qu'on m'aime. Personne n'y était arrivé jusqu'à présent, sauf Henri. Lui seul a su me faire comprendre que l'amour charnel, c'est de l'amour de pacotille, de la verroterie. Aimer, c'est donner son corps, pas son... cœur.

Elle s'arrêta net, déconcertée par son lapsus.

— C'est donner... quoi ?

— Vous avez très bien compris ! s'énerva-t-elle.

Je voulais dire : donner son cœur, pas son corps. Décidément, vous autres analystes, il faut toujours que vous alliez chercher la petite bête ! C'est d'une mesquinerie ! Vous ressemblez à des petits comptables qui ne laisseraient pas passer un centime. Parfois, je ne sais plus ce que je viens faire ici.

— Vous avez une idée sur cette question ?

— Ça vous paraîtra curieux, mais je crois que, malgré tout, l'analyse m'a fait du bien et que vous êtes, en partie, responsable de ce changement. C'est aussi l'avis d'Henri. Il considère que sans ce travail préliminaire avec vous je n'aurais pas été accessible au véritable amour, celui où la chair n'entre pas en jeu. Pour cette raison, il estime que je vous dois beaucoup. Il est vrai que j'ai eu du mal à me défaire de mes appétits charnels. Sans vous, je n'y serais probablement pas arrivée. Vous ne pouvez pas savoir combien vous avez eu raison de refuser mes avances. J'étais insatiable. Je voulais forniquer avec tous les hommes. Maintenant, je m'aperçois à quel point j'étais tyrannique. Pour Henri, qui place l'amour spirituel au-dessus de tout, quel calvaire ce devait être de satisfaire mes exigences physiques ! Et cela uniquement pour moi, pour mon plaisir égoïste ! Grâce à lui, j'ai compris ce qu'étaient l'esprit de sacrifice et le véritable amour : avant tout altruisme et don de soi. Dès lors, j'ai pris la chair en horreur et je n'ai plus voulu qu'il me touche.

« Il doit en être ravi », pensai-je.

— Avez-vous fait l'amour après votre mariage ?

Ma question la scandalisa.

— Décidément, vous ne pensez qu'à ça ! Vos théories freudiennes, c'est seulement un prétexte pour poser des questions qui vous excitent ! Mais vous ne m'aurez pas et je deviendrai forte, en résistant à votre curiosité.

Résister... Freud n'aurait pu mieux dire.

Cet éclat lui permit de retrouver son calme et elle poursuivit sur un ton presque serein :

— L'amour, ça ne se fait pas, ça se ressent. C'est l'avis d'Henri et c'est aussi le mien. Sachez donc qu'il ne nous a pas paru nécessaire de le faire, comme vous dites... Je ne suis pas encore allée chez Henri et il n'est jamais venu chez moi. Les rares fois où... où... il a bien voulu... c'était dans un hôtel. Maintenant, je me rends compte à quel point c'était méprisable et je m'en veux terriblement d'avoir exigé ça. Mais, selon Henri, c'est une erreur. Il ne faut pas haïr l'amour charnel, c'est lui qui donne la vie. En outre, la haine est encore une forme de dépendance. Je suis en analyse depuis assez longtemps pour le savoir. En vérité, je n'atteindrai la véritable plénitude que lorsque la chair me laissera indifférente. C'est ce que j'attends de l'analyse, qu'elle m'aide à me débarrasser de mon obsession du sexe et qu'elle me permette d'accéder à un haut niveau de spiritualité.

L'analyse participant à la consolidation du refoulement ! Il me parut urgent de remettre les pendules à l'heure.

— Etes-vous sûre que c'est le but de l'analyse ?

Cette question la prit au dépourvu. Elle chercha une réponse et, n'en trouvant pas, s'enferma dans une sorte de mutisme têtu.

— Bien, madame, dis-je en me levant.

Elle se leva à son tour, paya ses quatre cents francs et sortit sans un mot.

De ma fenêtre, je l'aperçus traversant l'avenue

Trudaine. Mais au lieu de prendre sa voiture elle se dirigea vers l'arrêt d'autobus. Poussait-elle la mortification jusqu'à utiliser les transports en commun ? En tout cas, le désir de spiritualité lui évitait des contraventions.

A la voir ainsi, une grande tristesse m'envahit. Sans doute Lisa était-elle suffisamment hystérique pour se lancer dans n'importe quelle folie, mais au point d'en arriver là ! Certes, si j'avais cédé à ses avances, l'analyse n'aurait pu se poursuivre, mais peut-être Lisa aurait-elle échappé à ce mariage insensé ? Que restait-il de la jeune femme séduisante qui avait si bien su me tenter ? Seulement cette infâme bigoterie. Je ne pus me défendre d'un sentiment de jalousie à l'égard d'Henri, et surtout de l'ascendant qu'il exerçait sur la jeune femme. J'avais le sentiment qu'il venait de me l'enlever et, pour cela, je le détestai.

L'autobus arriva et je vis Lisa monter avec les autres voyageurs, sorte de tache noire au milieu d'une foule estivale et colorée.

Je refermai la fenêtre. Qui sait, tout n'était pas forcément perdu. L'analyse pouvait encore l'aider à surmonter cette crise et à revenir à une situation plus saine.

Le patient suivant était un homme d'une quarantaine d'années dont l'analyse touchait à sa fin. D'un commun accord, nous avions espacé les séances, ce qui ne l'empêchait pas de les manquer de plus en plus. Il devenait clair que, pour lui, l'essentiel se passait ailleurs. S'il venait encore, c'était par acquit de conscience, parce qu'il ne se décidait pas à franchir le pas et qu'un résidu de cordon ombilical le retenait toujours au divan.

Cela faisait plusieurs séances que je ne l'avais vu. Parfois il prenait la peine de m'en avertir, mais le plus souvent il considérait que c'était inutile.

Il avait quelques minutes de retard lorsqu'il sonna. J'allais lui ouvrir et il s'allongea immédiatement. D'abord, il eut quelques difficultés à commencer.

— C'est aujourd'hui la dernière fois que nous nous voyons, dit-il lentement, en pesant chacun de ces mots. J'ai pensé qu'il était temps de mettre un terme à mon analyse.

— Vous avez certainement d'excellentes raisons, remarquai-je.

Un long moment se passa avant qu'il ne répondît.

— Peut-être... En tout cas, il faudra maintenant que j'apprenne à vivre sans vous.

— Bien, monsieur.

Il se leva, paya les séances qu'il me devait et nous échangeâmes une poignée de main, à peine plus appuyée que les précédentes.

Puis, je consultai mon agenda. Normalement, j'aurais dû recevoir Sébastien. C'était le dernier patient de la journée. Je branchai le répondeur et quittai le cabinet.

Une fois chez moi, je me servis un scotch, que je dégustai lentement en écoutant le *Stabat Mater* de Vivaldi. La voix pleine de ferveur du haute-contre, accompagnée par une musique lente et majestueuse, s'accordait parfaitement à mon état d'esprit et disait bien mieux que je n'aurais su le faire ce que je ressentais. J'avais l'impression d'avoir vécu, au cours de l'après-midi, un étrange ballet analytique, avec d'un côté Günther, dont je ne parvenais pas à me débarrasser, de l'autre un patient qui me quittait et, entre les deux, Lisa, incapable d'agir selon ses désirs, et Sébastien, qui s'était arrangé pour rater définitivement ses séances.

Je me servis un nouveau whisky, m'allongeai sur le canapé et m'abandonnai à la voix superbe du haute-contre. Sans doute inspirées par cette musique, mes pensées se portèrent vers Rachel. Je revis son corps et, le whisky aidant, je crus retrouver, dans toute son intensité, le vertige qui nous avait saisis dans son bureau. En face de moi, il y avait le miroir vénitien aux incrustations de lapis-lazuli. Ma gorge se noua et je fus pris d'une envie folle de nous y regarder en train de faire l'amour.

A plusieurs reprises, dans la journée, j'avais failli l'appeler au dispensaire. Chaque fois je m'étais ravisé, craignant qu'elle refusât de me parler et que plus rien ne fût possible entre nous.

Mais, rasséréné par la quiétude de mon appartement et par la musique de Vivaldi, je sentis mes craintes se dissiper progressivement. La voix du chanteur s'élevait, apaisante et pure, atteignant par endroits des inflexions d'une incroyable féminité. Plus qu'aucune autre, cette musique, lente et solennelle, me parut propice à l'amour. Elle exaspérait en moi le désir d'être avec Rachel et de l'aimer sur mon canapé anglo-chinois, sans être contrarié par cette stupide fatalité qui était venue — aussi bien dans mes rêves que dans la réalité — interrompre nos étreintes.

Alors, enhardi par la beauté exceptionnelle de la musique et par l'ivresse que provoquait en moi le whisky, je pris le téléphone et appelai Rachel.

La sonnerie retentit plusieurs fois, il y eut ensuite un déclic et son répondeur m'informa que je pouvais laisser un message et qu'elle me rappellerait dès son retour. Malgré la banalité du message, la voix de Rachel était chaude et sensuelle, et ses intonations, un peu rauques, se mariaient à merveille à celles du haute-contre, formant avec lui un superbe duo amoureux. Quand le signal sonore m'informa que c'était à mon tour de parler, je fus pris de panique et songeai à raccrocher, mais je me ravisai et articulai, d'une voix rendue pâteuse par l'alcool :

— Je... j'ai envie de vous... je... je vous aime, signé Michel.

Puis je reposai précipitamment le combiné et me servis un nouveau whisky.

Il me fallut un certain temps pour me remettre de mes émotions. Progressivement, mon ivresse se dissipa. Je regardai ma montre, il était presque onze heures. Je ne pouvais attendre davantage sans risquer de compromettre mes projets.

Je fermai la chaîne, pris cinq mille francs dans mon coffre en songeant qu'ils me feraient défaut pour ma négociation à la banque, les rangeai dans la poche intérieure de ma veste et quittai silencieusement mon appartement.

Un peu plus tard, un taxi me déposait à l'angle de la rue Saint-Denis et de la rue Rambuteau.

Selon les indications de Günther, c'était là que se trouvait le *Crazy-Sexy*.

8

Il me fallut peu de temps pour découvrir le *Crazy-Sexy*. A vrai dire, il était impossible de ne pas le voir tant les couleurs de son enseigne étaient racoleuses et violentes.

A l'intérieur, quelques curieux feuilletaient des revues pornographiques. Installé derrière son tiroir-caisse, un type obèse, au visage épais et luisant de sueur, jetait de temps en temps un regard ennuyé dans leur direction, puis se replongeait dans la lecture de *L'Equipe*.

Le peep-show se trouvait au fond du magasin. Il formait une sorte de rotonde composée de cabines numérotées qui évoquaient irrésistiblement les vestiaires d'une piscine ou d'un stade. Sur un des murs se trouvaient affichées les photos des danseuses qui se produisaient à l'intérieur.

Je m'en approchai et, immédiatement, reconnus Nina. Sa ressemblance avec Laura Bloch était frappante. Bien sûr, elle n'avait pas la même attitude que sur la photo du *Parisien*, mais on ne pouvait se tromper. Même forme de visage, même couleur de cheveux, même regard un peu vide et, surtout, même façon un peu triste de sourire. Günther avait dû être comblé, il était extrêmement difficile de la distinguer de la vraie Laura.

L'excitation me gagna. Enfin, je tenais une piste sérieuse et, en m'y prenant bien avec Nina, peut-être parviendrais-je à avoir le fin mot de cette histoire.

Je me tournai vers l'homme au tiroir-caisse. Il était petit et gras et dégageait des effluves de transpiration jusqu'à l'autre extrémité du magasin.

— C'est possible de voir Nina ? demandai-je.

Il releva à peine le nez de son journal.

— Faudra attendre, elle est en main.

— En main ?

— Disons que c'est plutôt le type dans le salon qui est en main avec elle, ricana-t-il.

— Il y en a pour longtemps ?

Jugeant que ma question annonçait le client sérieux, il se décida à abandonner son journal et me considéra avec intérêt.

— Plus tellement. Ils sont ensemble depuis un quart d'heure. Vous voulez passer un moment avec Nina ?

— Oui.

— Qu'est-ce qui vous intéresse ?

— Pardon ?

Il me montra une liste de tarifs.

— Si vous prenez le salon spécial, vous pouvez rester vingt minutes en tête à tête. Vous vous parlez, elle se déshabille, elle fait tout ce que vous exigez.

— Vingt minutes ! m'exclamai-je.

Prenant mon exclamation pour une approbation, il renchérit.

— Ça vaut le coup, surtout qu'il y a une promotion sur le salon spécial... quatre cents francs au lieu de six cents. Dans tout le quartier, vous n'aurez pas des filles pareilles à ce prix-là.

— C'est que j'aimerais rester plus longtemps.

Cette objection me fit monter de plusieurs crans dans sa considération.

— Combien de temps voulez-vous rester avec elle ?

— Je ne sais pas... une heure, peut-être plus, peut-être cinq minutes seulement... ça dépend. Est-ce qu'il n'y aurait pas la possibilité d'avoir... un forfait ?

Manifestement, j'avais encore gravi l'échelle de son estime.

— Vous comprenez, dit-il, il y a des tarifs, on est obligé de s'y plier. Mais je vais essayer de vous satisfaire. Est-ce que ça vous intéresserait un show lesbiennes ? Nina avec une autre danseuse..., les clients en raffolent.

— Non, il me faut un simple tête-à-tête, mais le temps que je veux.

— Dans ce cas, il faut prendre le grand jeu.

— Le grand jeu ?

— Oui, elle vient avec un godemiché dans une main et un vibromasseur dans l'autre, elle se fait une pénétration buccale, une pénétration anale et une pénétration vaginale... le tout pour mille cinq cents francs, ça vous va ?

— Et c'est vraiment obligé qu'elle se fasse tout ça ?

Il crut que je voulais discuter le prix, et aussitôt je perdis l'estime que je venais de gagner.

— Désolé, mais pour rester le temps qu'il vous

plaira avec Nina, il faut une séance avec godemiché et vibromasseur.

— Est-ce qu'il serait possible de voir Nina avec un homme ?

Il dut penser que je cherchais à me défiler car il se replongea dans son journal.

— Non, dit-il sèchement, elle fait seulement des shows lesbiennes, je vous l'ai déjà proposé, mais vous n'avez pas voulu.

— Pourtant, on m'a dit qu'elle faisait aussi l'amour avec des hommes. Il y avait même une époque où elle se produisait avec Anton.

En entendant ce nom, il releva brusquement la tête.

— De quelle planète vous débarquez ? Ça fait un an qu'elle n'est plus avec Anton !

— C'est donc ça. Il y a un an que j'ai quitté Paris et j'avais conservé un très bon souvenir de leur spectacle. Je pensais les retrouver, mais tant pis !

Ma déception ne l'émut guère.

— Alors, vous faites quoi ? Vous le prenez le petit salon ?

— Bien sûr, répondis-je en sortant la liasse de cinq mille francs de ma poche.

En voyant les billets, une lueur cupide s'alluma dans son regard et, en un tournemain, je regagnai ses bonnes grâces. On manifestait une grande sensibilité à l'argent dans cet endroit. Si tout le monde réagissait de cette façon, Günther n'avait dû avoir aucune difficulté à se procurer ce qu'il voulait.

Je posai trois billets de cinq cents francs sur le tiroir-caisse.

— Voilà pour la fille.

Puis, après avoir fait mine d'hésiter, je pris un autre billet.

— Et ça, c'est pour vous remercier de votre obligeance.

Sur le coup, je crus qu'il allait avoir une attaque. Il saisit les billets avec une célérité qui me surprit, les fit disparaître dans la poche de son veston et regarda sa montre d'un air ennuyé.

— Ecoutez, dit-il, Nina est encore dans le salon avec un client, mais elle ne doit plus en avoir pour longtemps.

Son désir de me faire plaisir était tel que je l'imaginai courant dans le salon jeter l'intrus dehors.

Je fis mon sourire le plus aimable.

— Ce n'est pas grave, je peux attendre.

Mais il ne savait que faire pour m'être agréable. Dans son code déontologique, un client qui lâchait aussi facilement les billets de cinq cents francs devait mériter tous les égards.

Brusquement, il eut une idée.

— Tenez, dit-il en me tendant quelques jetons, allez voir le spectacle au peep-show, c'est la maison qui vous l'offre. Il y a des filles superbes, vous en trouverez certainement une qui vous plaira pour la prochaine fois.

Et, sans me laisser le temps d'émettre la moindre protestation, il me prit par le bras et m'entraîna vers une cabine libre. S'il avait pu dérouler un tapis rouge sous mes pieds, il l'aurait fait.

— Et qu'est devenu Anton ? demandais-je avant d'entrer dans la cabine.

— Je ne sais pas. A mon avis, il doit faire le Bois de Boulogne. Il était un peu travelo sur les bords, vous voyez ce que je veux dire ?

Il fit une moue méprisante.

— Travelo au Bois, quelle idée ! C'est vrai que ça paie mais c'est risqué. S'il m'en avait parlé, je le lui aurais déconseillé. Il était bien ici. Il avait la sécurité de l'emploi. Nina a été très malheureuse de son départ, elle n'a pas voulu d'un autre partenaire sur scène.

Puis, me montrant son tiroir-caisse, il expliqua, désolé de m'abandonner :

— Dès que Nina est disponible, je vous préviens, mais il faut que je retourne à ma caisse, je ne peux pas la laisser sans surveillance, avec les types qui traînent ici. Vous comprenez ?

Bien sûr, le tiroir-caisse, qu'y avait-il d'autre à comprendre ?

La cabine dans laquelle je me trouvais ressemblait à un water-closet. D'une certaine manière, elle en avait aussi les fonctions intimes. Un siège était installé en face d'une fenêtre recouverte d'un rideau rouge. Sous la fenêtre, une réserve de mouchoirs en papier, à côté, une poubelle débordant de ces mêmes mouchoirs. C'était là que s'entassaient les émois de mes prédécesseurs.

Une intimité un peu écœurante flottait dans cet endroit.

J'introduisis un jeton dans la fente réservée à cet usage et le rideau rouge se leva doucement.

Sur un plateau entouré de miroirs sans tain, une danseuse multipliait les poses lascives pour les voyeurs tapis dans les cabines. Les miroirs reflétaient son corps à l'infini, créant l'illusion d'un gigantesque univers de pornographie. Et le plateau, qui tournait lentement sur lui-même, obligeait la femme à passer devant chacune des cabines. Elle s'y arrêtait chaque fois pour livrer en gros plan quelques détails scabreux de son intimité.

Le numéro était exécuté avec beaucoup de conscience. Toutes les poses de la concupiscence y étaient et un contrôleur en libertinage n'eut rien trouvé à y redire. Mais la danseuse n'échappait pas pour autant à la routine du professionnalisme. Son regard était vide, ou plutôt ailleurs, et elle avait beau se trémousser, empoigner ses mamelles à pleines mains et ouvrir ses fesses en une oblation pornographique, elle n'avait que son ennui à offrir.

Cette exhibition me rappela un de mes articles intitulé *Pulsion scopique et angoisse de castration*. Bientôt, l'ennui me gagnant à mon tour, je préférai attendre Nina dehors.

Dès qu'il m'aperçut, le tiroir-caisse se fendit d'une grimace supposée avenante.

— Tout va bien, annonça-t-il, Nina est prête, cabine numéro six. Elle arrive tout de suite.

La cabine numéro six était aménagée comme celles du peep-show, mais, au lieu d'une glace sans tain, c'était un grillage, qui séparait de la scène. On pouvait donc se voir et se parler, mais il était impossible de se rejoindre. Quant au salon spécial proprement dit, il comportait quelques coussins et un tabouret. Le tout baignait dans une sorte de lumière tamisée. Juste ce qu'il fallait pour créer l'ambiance.

Quelques instants plus tard, Nina fit son apparition en tenue de travail. Brune, outrageusement maquillée, string et chemisette transparente, le fantasme préfabriqué. Manifestement, le tiroir-caisse lui avait fait la leçon, car elle ne ménagea pas ses efforts pour paraître aimable. Elle me gratifia d'un sourire engageant et commença à se dandiner devant moi.

— Ce n'est pas ça qui m'intéresse, dis-je.

Elle me regarda un peu inquiète.

— Qu'est-ce que vous voulez alors ?

— Simplement une conversation avec vous.

Cela parut l'ennuyer.

— Les dialogues hard, ce n'est pas ma spécialité.

Puis, me montrant les godemichés posés sur un coussin :

— Je peux faire des tas de choses, mais pas de conversation érotique.

— Ce n'est pas une conversation érotique que je désire, mais une conversation tout court.

— Ah bon ! s'exclama-t-elle de plus en plus étonnée, après tout, si ça vous plaît, ça me changera les idées.

Elle s'assit sur le tabouret et attendit. Peut-être se figurait-elle que j'allais l'entretenir de la pluie et du beau temps ?

J'hésitai un peu sur la manière d'engager le dialogue. Finalement, je me jetai à l'eau.

— Ça vous intéresserait cent mille francs pour un voyage à Rio ?

— Quoi ?

Elle se redressa avec une telle vivacité qu'elle en fit tomber le tabouret. Je ne m'attendais pas à cette réaction. Ma question l'avait complètement paniquée et je crus qu'elle allait s'enfuir.

— Qu'est-ce que vous dites ! s'écria-t-elle en me regardant avec des yeux exorbités.

Je répétai ma question.

— Vous vous fichez de moi ! Qu'est-ce que vous voulez que j'aille faire à Rio ?

— Vous y êtes déjà allée une fois, pourquoi n'iriez-vous pas une seconde fois pour la même somme ?

Elle ramassa le tabouret et s'assit en me regardant d'un air glacial, presque hostile. Bien qu'elle eût, en partie, retrouvé le contrôle d'elle-même, ses mains tremblaient légèrement.

— Vous êtes de la police ?

— Non.

— Dans ce cas, vous voulez quoi ? Vous êtes un ami de cette ordure de Günther ?

Les sentiments qu'elle lui portait ne faisaient aucun doute.

Je la rassurai.

— Je ne suis ni un policier ni un ami de Günther. Pour des raisons personnelles, je m'intéresse à lui, en particulier à la période où il vous a envoyée à Rio.

Pour achever de la mettre en confiance, je sortis quatre billets de cinq cents francs.

Décidément, l'argent était le maître-mot de cet endroit. Ou bien il rendait complètement hystérique, ou bien il faisait autant d'effet qu'un puissant analgésique. A la vue des billets, Nina retrouva immédiatement son calme.

— Qu'est-ce que vous voulez savoir ? demanda-t-elle. Si c'est pour la femme de Günther, je suis sûre que ce fumier l'a butée.

— C'est ce qu'il vous a dit ?

— Oh non ! Il est bien trop futé pour se compromettre. Mais il l'a butée, j'en suis sûre. C'est pour ça qu'il m'a envoyée à Rio sous l'identité de Laura.

— S'il vous a offert cent mille francs pour ce voyage, c'était pour camoufler son crime ?

— Cent mille francs ! s'indigna-t-elle. C'est ce salaud qui vous a raconté ça ? Bien sûr, il m'avait promis tout ce fric. Mais tenir parole, c'est une autre affaire ! J'ai eu cinquante mille avant de partir... Soi-disant, j'aurais le reste au retour de Rio. J'attends encore. Pourtant, j'ai pris des risques pour lui...

— Racontez-moi ce qui s'est passé.

— Vous voulez savoir quoi au juste ? Il est venu ici et il m'a proposé cent mille francs pour me faire passer pour sa femme. Il fallait que je me promène dans sa banlieue d'Argenteuil avec un homme, pour qu'on soit persuadé qu'il était cocu. J'ai proposé mon partenaire artistique... J'avais l'habitude de faire l'amour avec lui sur scène, vous comprenez, ça faisait plus vrai.

— Et qu'est-ce qu'il est devenu votre partenaire ?

— Anton ? Nous sommes partis ensemble pour Rio et lui, il est resté là-bas. C'était son pays, depuis longtemps, il voulait y retourner. Quand l'autre ordure nous a fait cette proposition, il était fou de joie et il s'est contenté du billet d'avion.

— Je vois, fis-je, et ensuite ?

— Ensuite, je suis rentrée seule à Paris, sous ma véritable identité. Il fallait faire croire que sa femme était restée là-bas. Et puis j'ai revu Günther, je devais lui rendre le passeport de Laura en échange des derniers cinquante mille francs.

Elle s'interrompit un instant pour contenir son ressentiment.

— Et au lieu des cinquante mille francs, il a sorti un flingue. A voir sa tête, j'ai tout de suite compris qu'il était prêt à tirer. Je ne sais pas si vous vous êtes déjà trouvé devant un type armé, mais je vous assure qu'on sent s'il va tirer. Avec Günther, il n'y avait aucun doute. Il en mourait d'envie. J'ai eu peur, je lui ai rendu le passeport.

Cette histoire me rendit perplexe.

— Vous pourriez raconter ça à la police ?

Elle me regarda, éberluée.

— A la police ! Vous rêvez ? Les flics, je les ai sans arrêt sur le dos. Pour eux, je suis à la limite de la prostitution, ils n'arrêtent pas de fourrer leur nez dans mes affaires. Alors je ne vais pas aller leur raconter que j'ai voyagé sous un faux nom pour un type qui est certainement un assassin. D'accord, Günther, c'est une ordure, mais de là à faire de la taule à cause de lui... Pour le faire plonger, faudra trouver une autre idée. Si vous voyez ce que je veux dire.

La virulence de sa réaction ne laissait place à aucun doute : il ne fallait pas compter sur elle. Bien sûr, je pouvais en parler à Gilbert, mais il était évident qu'il n'obtiendrait rien d'elle.

Comme si elle venait de lire dans mes pensées, elle précisa :

— Pas la peine de prévenir les flics, je ne dirai rien. Vous avez appris ce qui vous intéressait, alors passez-moi le fric et tirez-vous.

Je me souvins de la tactique de Günther : frapper fort d'emblée. J'eus un pincement au cœur en pensant à l'argent de la BMW. Mais le jeu en valait peut-être la chandelle.

— Dommage que vous ne vouliez pas coopérer, dis-je en lui tendant une liasse de billets, ces deux mille francs, c'était seulement un acompte.

Des choses très simples peuvent parfois échapper aux analystes. Au mot « acompte », elle changea d'attitude.

— Combien ?

— Vous m'avez dit que Günther vous avez escroqué de cinquante mille francs. Je suis prêt à vous dédommager de cette somme.

— Vous me donneriez cinquante mille francs pour vous aider à coincer Günther ?

— Oui..., je peux compter sur vous ?

Elle réfléchit un moment.

— J'ai la preuve que Günther voulait assassiner Laura Bloch.

Mon cœur battit à grands coups.

— La preuve qu'il voulait l'assassiner ou qu'il l'a effectivement assassinée ?

— Qu'il voulait. Faudra vous en contenter. De toute façon, avec ce que je vous propose, il y a largement de quoi ouvrir une enquête. Si cette ordure a descendu sa femme, vous le tenez.

— De quoi s'agit-il ?

— D'une lettre de Laura Bloch... Pour faire plus vrai, Günther voulait que je voyage avec les vêtements et la valise de Laura. Nous avions à peu près la même taille, il n'y avait pas de problème. Mais, ce pourri avait beau penser à tout, il avait oublié de vérifier les affaires qu'il me donnait. C'est comme ça que j'ai trouvé la lettre, dans la poche d'un tailleur.

— Que disait cette lettre ?

— Laura se doutait des projets de son mari. Elle savait qu'il voulait la tuer. Ce qu'elle avait découvert sur lui ne faisait aucun doute. Mais elle s'en fichait de mourir, elle voulait seulement que Günther soit puni. Je suppose qu'elle allait envoyer cette lettre aux flics, mais il ne lui en n'a pas laissé le temps.

— Qu'avait-elle découvert sur Günther ?

— Pour le savoir, il faut acheter la lettre.

— Pourquoi ne l'avez-vous pas envoyée à la police ? Après tout, cela ne vous compromettait pas ?

Elle se mit à rire.

— J'ai pensé que cette lettre valait du fric. Vous voyez, j'avais raison... Mais ce n'est pas cinquante mille francs que j'en veux.

Je sentis ma gorge se nouer.

— Combien ?

— Cent mille !

— Impossible, je ne possède pas cette somme.

— Alors tant pis pour vous.

— Ce serait plutôt tant pis pour vous, répondis-je en me levant. Ça m'étonnerait beaucoup que vous trouviez un autre acquéreur.

— Attendez !

Dès qu'il s'agissait d'argent, on avait des réflexes incroyablement prompts dans cet établissement. En un rien de temps, elle avait compris que cinquante mille francs, c'était mieux que rien du tout.

— Soixante-dix mille francs, essaya-t-elle.

— Je n'ai que cinquante mille francs à vous proposer... A prendre ou à laisser.

— C'est bon, finit-elle par dire, cinquante mille francs. En espèces, bien sûr.

Je me rassis.

— Où et quand ?

— Chez moi, vendredi, vers deux heures de l'après-midi.

— Après-demain ? Pourquoi attendre jusque-là ?

— Parce que demain, je travaille toute la journée, et je ne tiens pas à me trimballer ici avec tout ce fric. J'habite 8, passage Dallery, au cinquième étage.

C'est à côté de la rue de la Roquette, vous trouverez facilement.

Cette explication ne me parut pas convaincante. Qu'elle me fît attendre aussi longtemps pour me remettre cette lettre ne cadrait pas avec son désir de gagner cet argent.

— Vous êtes sûre qu'on ne peut pas se voir plus tôt ?

— Si je vous le dis, c'est que je ne peux pas. Vous ne croyez tout de même pas que ça m'amuse d'attendre jusqu'à vendredi avant de palper vos cinquante mille balles ?

Il me parut inutile d'insister. S'il y avait anguille sous roche, je m'en apercevrais bien.

— Entendu, dis-je en me dirigeant vers la porte de la cabine. J'y serai.

— N'oubliez pas l'argent !

— Ne vous en faites pas.

Et, là-dessus, je quittai le salon spécial.

Le tiroir-caisse semblait m'attendre. Dès qu'il me vit, il abandonna son journal et m'adressa son plus chaleureux sourire.

— Ça s'est bien passé ?

— Impeccable. Encore mieux que je l'imaginais.

Cette réponse le combla d'aise.

— Revenez quand vous voulez, vous êtes ici chez vous.

Et il s'inclina à en toucher son comptoir.

A ce moment, un type sortit du peep-show en me bousculant. Je me retournai et me retrouvai nez à nez avec Gabriel.

En me voyant, il demeura frappé de stupéfaction.

— Vous... aussi ! finit-il par articuler.

— Moi aussi, répondis-je en lui tournant le dos et en me dirigeant vers la sortie.

Le lendemain, je fus tiré de mon lit par un coup de téléphone de Florence. Tout d'abord, j'eus quelques difficultés à reconnaître sa voix. Elle semblait en proie à la panique, ce qui m'inquiéta car il n'était pas dans ses habitudes de perdre son sang-froid.

— Que se passe-t-il ? lui demandai-je d'une voix encore pâteuse de sommeil.

— Il se passe que je dois te parler, dit-elle en essayant de se maîtriser. Est-ce que c'est possible maintenant ?

— Pas maintenant, je dois recevoir des patients. Cet après-midi, si tu veux, après le dispensaire.

— A quelle heure ?

— Quatre heures et demie, ça te convient ?

— Trop tard, il faut que je te voie avant.

Et, sans me laisser placer une parole, elle ajouta :

— Deux heures à *La Mousson*, le bar qui se trouve rue de la Bastille.

Il me fallut quelques instants pour prendre une décision. Après tout, tant pis pour le dispensaire.

— Bon, j'y serai. Tu ne veux pas me dire ce qui se passe ?

— Pas au téléphone.

Elle raccrocha, me laissant en proie à la perplexité.

Je me préparai un café, pris une douche et m'habillai. Pendant tout ce temps, je ne pus m'empêcher d'être inquiet. Pour que Florence se conduisît ainsi, il devait se passer quelque chose de grave. Sans doute aurais-je dû la voir maintenant ? Mais parmi mes patients de la matinée se trouvait Günther, et je tenais à lui signifier son congé sans plus attendre.

En fait, mon premier patient était Gabriel mais, après notre rencontre au *Crazy-Sexy*, je doutais fort qu'il vînt.

C'était ce qui pouvait arriver de pis à un analyste : rencontrer un de ses patients dans les mêmes endroits de sexualité et lui signifier ainsi qu'ils pouvaient avoir des fantasmes en commun.

Je ne me trompais pas ; le temps de sa séance passa sans qu'il se manifestât. Je profitai de cette attente pour prévenir le dispensaire que je ne viendrai pas. Rachel était parfaitement en mesure de s'occuper des enfants que nous devions voir ensemble. Elle n'apprécierait certainement pas mon attitude, mais il m'était impossible de faire autrement. Sylvette enregistra le message, puis je raccrochai. Quant à Gabriel, l'heure de sa séance était largement dépassée. Il était probable que je ne le reverrai plus. Je ne pouvais que le regretter, car son analyse progressait de façon encourageante. A cause de cette stupide rencontre au peep-show, j'avais l'impression de l'abandonner au milieu du gué.

Ensuite, c'était la séance de Lisa. Mais elle ne vint pas non plus. Cette absence ne laissa pas de m'étonner. Sa conversion l'aurait-elle dissuadée de poursuivre l'analyse ? Je ne savais qu'en penser et je passai encore un moment à patienter. Il me semblait vivre une sorte de journée blanche au cours de laquelle mes patients se seraient défilés les uns après les autres.

Le temps de séance de Lisa dépassé, Günther ne

se manifesta pas non plus. J'en vins à redouter que lui aussi me fît défaut.

C'est alors que j'entendis son coup de sonnette.

Il attendait sur le palier, toujours égal à lui-même, avec son costume sombre et son air onctueux.

Fidèle à lui-même, il me serra mollement la main, me précéda vers mon cabinet et s'allongea aussitôt.

— Vous feriez aussi bien de vous lever.

Il me gratifia d'un sourire ironique.

— Vous avez décidé de faire dans la séance courte ?

— Il n'y aura pas de séance, déclarai-je en lui désignant le siège à côté du bureau.

Contrairement à ce que je craignais, il ne fit aucune difficulté pour quitter le divan.

— Qu'est-ce qui se passe ? demanda-t-il en s'asseyant en face de moi.

Je pris mon temps pour répondre : il était d'une extrême nécessité de trouver les mots justes.

— Ce qui se passe entre nous ne relève pas de l'analyse, en conséquence je trouve préférable d'y mettre un terme.

Ces paroles ne parurent guère le surprendre.

— Vous avez mis du temps à vous en apercevoir, répondit-il en se levant.

Il sortit son portefeuille et posa mille francs sur le bureau.

Cette attitude me déconcerta. J'étais loin de m'attendre à cela. Il était en train de réussir sa sortie à mes dépens cependant que, cloué sur mon fauteuil, je me préoccupais de sauver les apparences par une feinte impassibilité. Il n'en fut pas dupe, mais il s'en moquait suffisamment pour éviter même de me le signifier.

— Vous ne me devez rien, dis-je, il n'y a pas eu de séance.

— Vous m'avez attendu hier, c'était donc une séance...

Et il remarqua, goguenard :

— C'était même une des meilleures séances.

Son regard se posa sur *Le 24e Jour*.

— Je regretterai beaucoup ce tableau. Il représentait à merveille le vertige de la psychanalyse. Aucun de vos discours théoriques et prétentieux n'auraient pu en parler aussi bien.

Un instant, je crus qu'il allait me proposer de racheter la toile, mais il n'en fit rien.

Il allait quitter mon cabinet lorsque, s'arrêtant devant la porte, il se retourna et me regarda droit dans les yeux.

— Ne croyez pas pour autant en avoir fini avec moi.

Il n'y avait aucune colère dans ces paroles et elles me parurent d'autant plus menaçantes qu'elle avaient été prononcées avec un calme absolu.

Puis ses pas se perdirent dans le couloir et je l'entendis fermer doucement la porte du palier.

Il avait raison, je n'en avais pas fini avec lui. Je venais de prendre une mesure salutaire ratée. Une course de vitesse était engagée entre nous et, si j'ignorais tout de ses intentions, il m'apparaissait cependant indispensable de le mettre hors d'état de nuire le plus rapidement possible.

Florence me rejoignit à deux heures tapantes à *La Mousson*. Elle s'assit en face de moi et commanda un bourbon. Visiblement, elle était sur les nerfs. Je ne l'avais encore jamais vue dans cet état, néanmoins j'eus l'impression qu'elle avait un peu retrouvé son contrôle par rapport à ce matin.

— Qu'est-ce qui se passe ? demandai-je.

— J'aimerais savoir où tu en es avec le patient dont tu m'avais parlé la dernière fois.

— Comment ? dis-je, interloqué.

— Ecoute, ne me raconte pas d'histoires. Cet homme à boucle d'oreille, qui était venu me voir pour une analyse bidon, c'est le même type qui te posait des problèmes. Tu l'avais parfaitement reconnu... J'en suis sûre.

C'était la seconde fois, en moins de quelques heures, que je me laissais surprendre. D'abord par Günther et maintenant par Florence. Il m'apparut inutile de dissimuler davantage.

— Alors ? insista Florence.

— Je lui ai signifié ce matin que je ne le recevrai plus.

— Que s'est-il passé ?

Je lui racontai tout : mes hésitations avec Günther, ma mésaventure au Centre Pompidou, la BMW probablement sabotée, mon expédition à Argenteuil en pleine nuit, la mort de Sébastien et, pour terminer, ma rencontre avec Nina. Je n'oubliai rien, pas même la pénible impression d'être parfois épié, comme l'après-midi où j'avais emmené Mathieu au zoo.

Elle écouta toute mon histoire sans m'interrompre, mais, lorsque j'eus terminé, elle ne put se contenir :

— Tu es fou ! Tu es complètement fou ! s'écria-t-elle avec une virulence qui fit tourner quelques têtes dans notre direction. Qu'est-ce qui t'a pris de te mettre dans une situation pareille ?

Je lui attrapai le poignet et lui intimai l'ordre de parler plus bas.

— C'est vrai que je me suis mis dans une affaire impossible, mais il est inutile d'ameuter tout le café. Quant aux reproches, je m'en suis assez adressé à moi-même, je t'assure.

— Pourquoi ne préviens-tu pas la police ? Va trouver Gilbert et raconte-lui tout.

— Demain, lorsque Nina m'aura remis la lettre de Laura Bloch, j'aurai de quoi prouver ce que j'avance. Avec un élément pareil, on ouvrira immédiatement une enquête sur cet homme.

Elle me regarda sans cacher son effarement.

— Tu te rends compte de ce que tu es en train de faire ? Tu es psychanalyste, pas détective privé. A quel titre te mets-tu à chercher des preuves pour confondre ce type ? Je ne sais pas ce qui s'est passé entre lui et toi, mais, de toute évidence, ce n'est pas la police que tu cherches à convaincre, mais toi-même.

— C'est possible, mais cela ne me dit pas pourquoi tu voulais me joindre avec une telle urgence.

— Parce que ton histoire n'est pas complète, et qu'il y manque quelques éléments. Par exemple, que ce type n'arrête pas de me téléphoner pour obtenir un rendez-vous.

— Qu'est-ce que tu dis ?

Je la regardai, incrédule. Il me semblait inimaginable que cette affaire atteignît Florence.

— Qu'il n'arrête pas de me relancer en prétextant qu'il va mal et que je suis la seule analyste sur la place de Paris capable de l'aider. Mais il y a pis. Il... il...

Elle s'interrompit, et une expression de terreur apparut sur son visage.

— Quoi donc ? demandai-je en posant ma main sur la sienne.

Mais elle la retira aussitôt.

— Il s'en prend aussi à Mathieu, répondit-elle dans un souffle.

— A Mathieu ?

— Oui, une fois j'étais en retard pour chercher Mathieu après la classe. Normalement, il doit m'attendre devant l'école. Au lieu de cela, je l'ai trouvé sur le chemin du retour, donnant la main à ce type. Quand il m'a vue, il m'a salué très obligeamment et m'a raconté qu'ayant vu Mathieu seul il avait cru bien faire en le raccompagnant. Venant de ce type, j'ai tout de suite trouvé ça suspect, je lui ai interdit de recommencer et j'ai chapitré Mathieu pour qu'il ne suive pas n'importe qui. Mais depuis, le type est presque tous les soirs à la sortie de l'école. Dès qu'il nous voit, il nous emboîte le pas et nous suit à distance.

Je repensai à ce qui s'était passé au zoo. A la lumière de ce que Florence me racontait, il était fort probable que Günther nous eût suivis.

Ce fut à mon tour de lui poser la question :

— Pourquoi ne préviens-tu pas la police ?

Elle haussa les épaules.

— Pour dire quoi ? Qu'un malade me harcèle au téléphone pour obtenir une psychothérapie ? Ou bien qu'il a voulu ramener mon fils à la maison un soir où j'étais en retard ? Qu'est-ce que tu veux que la police y fasse ?

— Dis-lui qu'il vous suit tous les soirs, Mathieu et toi.

— Il est bien trop malin pour se laisser prendre. Dès que je me retourne, il n'est plus là. C'est une impression furtive et je ne suis jamais sûre de ne pas avoir rêvé. Quoi qu'il en soit, c'est devenu insupportable.

Elle était au bord des larmes et sa main tremblait tandis qu'elle portait le verre de bourbon à ses lèvres. Mais elle parvint à se ressaisir.

— Ça ne peut plus durer. J'ai prévenu mes patients que je vais m'absenter quelques jours. Le temps d'emmener Mathieu chez mes parents en Bourgogne. Nous partons ce soir. Là-bas, il sera tranquille.

Rien n'était moins sûr. Après tout, Günther prétendait avoir rencontré Sébastien entre Charleville et Paris. Et lorsqu'on savait ce qui était arrivé au malheureux professeur, il n'y avait pas de quoi être rassuré. Mais je préférai garder mes doutes pour moi.

— Ecoute, lui dis-je, demain, j'aurai la preuve qui me manque. Je préviendrai la police et tout sera réglé.

— Ton histoire avec cette entraîneuse ne m'intéresse pas, répliqua-t-elle sèchement. Ce type est en train de te mener une fois de plus en bateau. Pour le moment, je n'ai pas le temps de m'en occuper, mais si à mon retour de Bourgogne la police n'est pas prévenue, j'irai moi-même voir Gilbert et je lui dirai tout.

Je m'abstins de tout commentaire. Elle avait raison de vouloir protéger Mathieu et je partageais ses inquiétudes. Cette histoire me paraissait invraisemblable, je ne comprenais pas où Günther voulait en venir, ni qu'il s'en prît ainsi à mon fils.

— Très bien, dis-je, fais à ta guise. De toute

façon, je ne pourrai pas t'en empêcher. Mais d'ici là, j'espère que j'aurai coincé ce salaud.

Elle était sur le point de partir, mais je la retins.

— Il y a une chose que je voudrais savoir.

— Quoi donc ?

— Tu es sûre que Jacques n'avait pas ce type en analyse ?

— Absolument sûre.

— Peut-être ne voulait-il pas en parler ? Tu sais bien que les gens ne correspondent pas toujours à l'idée que nous nous faisons d'eux.

Ces paroles l'exaspérèrent.

— Epargne-moi tes commentaires, je t'en prie ! Si tu veux savoir, Jacques ne me cachait rien de ses activités thérapeutiques. Bien sûr, il ne me donnait pas le nom de ses patients, mais il ne m'a jamais décrit un cas qui, de près ou de loin, ressemble à ce que tu m'as raconté. Voilà, tu es content avec ça ?

A vrai dire, je ne l'étais qu'à moitié.

— Et il ne t'a jamais paru angoissé ou déprimé ?

Elle me regarda avec hostilité.

— Qu'est-ce que tu veux me faire dire ? Que Jacques, sans m'en avoir parlé, se serait trouvé dans une situation comparable à la tienne ?

— C'est vraiment inconcevable ?

J'eus l'impression qu'elle me détestait.

— Oui, c'est vraiment inconcevable. Encore une fois, Jacques ne se serait pas mis dans une telle situation. Et, s'il lui arrivait de paraître déprimé, c'était parce que ses recherches le préoccupaient énormément. Maintenant, si tu permets, je dois partir, des choses urgentes m'attendent.

Il était inutile d'insister, je connaissais suffisamment Florence pour savoir que je n'en tirerai rien de plus, qu'elle éviterait à tout prix de ternir l'image qu'elle conservait de Jacques.

— Très bien, emmène Mathieu loin de Paris. A ton retour, tu verras, tout sera arrangé.

— Il vaut mieux, dit-elle en se levant.

Je la regardai s'éloigner.

A ma montre, il était trois heures passées.

Ce qui était insupportable, c'était d'attendre Nina jusqu'à demain après-midi. A cette idée, je sentis l'impatience me gagner et fus sur le point de me rendre chez elle. Après tout, elle n'habitait pas loin. Mais je me contins. C'eût été une maladresse. Dans le meilleur des cas, je risquais de ne pas la trouver, dans le pire, de la braquer contre moi.

En même temps, plus j'y pensais, plus je trouvais extravagant qu'elle me fît languir autant pour cette lettre. « Ce type est en train de te mener en bateau », avait dit Florence. Il est vrai que c'était lui qui m'avait parlé de Nina. Qui sait s'ils n'étaient pas de connivence pour m'abuser ? Mais dans quel but ?

Rien ne me satisfaisait dans cette affaire. Je croyais m'être débarrassé de Günther, mais je ne lui avais pas plus tôt donné son congé qu'il réapparaissait encore plus inquiétant et inexplicable.

Il me faisait penser à une araignée préparant ses toiles dans l'obscurité cependant que moi, prisonnier d'un temps immobile, je rongeais interminablement mon frein.

9

Le lendemain matin, je devais me rendre au dispensaire. Depuis ma mésaventure avec Rachel, je n'y étais pas retourné et un travail important m'y attendait.

Dans ma boîte aux lettres, outre l'habituel courrier professionnel, je trouvai une lettre de la banque rédigée en termes peu amènes :

Monsieur,

A plusieurs reprises, nous vous avons téléphoné, sans succès, pour vous prier de prendre contact avec nos services.

Il importe en effet que nous réglions dans les plus brefs délais les questions concernant la garantie du prêt que nous vous avons consenti pour votre appartement et le découvert que présente actuellement votre compte courant.

Pour information, nous vous rappelons que, pour être efficiente, cette garantie doit être complétée par la somme de 901 845,88 F. En outre, le débit de votre compte courant s'élève à 42 567,89 F.

Vous voudrez bien vous mettre en relation avec nous dès réception de ce courrier.

Veuillez agréer, monsieur, l'expression de nos sentiments distingués.

Le directeur de l'agence.

De toute évidence, la banque n'était pas décidée à arrondir les angles. A supposer qu'on acceptât le principe d'un premier versement, je ne voyais pas du tout comment réunir les fonds nécessaires. La Mutuelle des médecins n'avait toujours pas donné suite à ma demande de prêt ; quant à l'argent de la BMW, après avoir payé Nina, il n'en resterait pas grand-chose. Dans ces conditions, il faudrait mettre en vente mon appartement.

Je rangeai la lettre dans un tiroir. La banque attendrait bien un jour ou deux ma réponse. Pour l'heure, je ne me sentais pas en mesure de prendre une décision.

Au dispensaire, je tombai sur Rachel.

Elle était aussi séduisante et désirable qu'à l'accoutumée, et je me rendis compte à quel point elle m'avait manqué.

Mais elle ne manifesta pas un grand enthousiasme à me revoir. Son attitude était froide et distante. Elle s'efforçait de m'ignorer, répondant à peine quand je lui parlais et se détournant ostensiblement chaque fois qu'elle croisait mon regard. La situation se détériora tout au long de la matinée. Nous avions des groupes de psychodrame et il fallait nous en occuper ensemble. Les séances se déroulèrent dans un climat étrange, au grand dam des enfants qui ne comprenaient pas ce qui arrivait. En outre, je n'arrivai pas à me concentrer sur mon travail, ce qui ne contribua pas à améliorer nos relations. Rachel eut fort à faire pour rattraper mes interventions inopportunes ou mes erreurs d'interprétation. Aussi, malgré tous ses efforts pour conserver vis-à-vis des enfants une attitude bienveillante, elle ne parvint pas toujours à contenir son irritation contre moi.

Vers midi, notre travail prit fin dans une atmosphère chargée d'électricité.

Le dernier enfant parti, Rachel me quitta sans dire un mot. Son bureau se trouvait à côté du mien, je l'entendis ranger nerveusement ses affaires avant de rejoindre au restaurant le reste de l'équipe. Il me semblait indispensable d'avoir une explication avec elle, au moins sur la manière dont nous venions de travailler.

Ce fut elle qui prit les devants.

— J'aimerais avoir deux mots avec vous, dit-elle en faisant irruption dans mon bureau.

Je lui désignai un siège, mais elle resta debout.

— Ça ne peut plus durer, commença-t-elle. Il y a eu l'autre jour... ce malentendu d'ordre privé. Mais il n'est pas possible que cela interfère sur nos relations professionnelles. Je vais voir si je peux travailler avec quelqu'un d'autre, sinon je présenterai ma démission. Je ne désire pas continuer ce genre de collaboration.

— Il n'y a pas eu de malentendu d'ordre privé, affirmai-je, le cœur battant. La vérité, c'est que je vous désire... comme j'ai désiré peu de femmes dans ma vie.

— Ah oui ! ironisa-t-elle. Eh bien, heureusement qu'il y en a eu peu ! Ce ne devait pas être très drôle pour elles si vous preniez la fuite après avoir défait votre cravate.

— Ne vous moquez pas. Je reconnais que je me

suis mal conduit et que j'aurais pu, au moins, vous donner une explication.

— En effet.

Je lui montrai *Libération* rangé sur une étagère.

— C'était l'exemplaire qui se trouvait sur votre bureau lorsque... je suis parti. Vous vous en souvenez ?

— Plutôt, oui.

— Lisez cet article, dis-je en lui tendant le journal.

Elle me regarda, étonnée.

— Pourquoi voulez-vous que je lise ça ?

— Lisez et vous comprendrez.

— Eh bien ? demanda-t-elle lorsqu'elle eut terminé. Que voulez-vous que je comprenne ? Ce Sébastien Morin était de vos parents ?

— C'était un de mes patients. Il avait raté sa séance, la veille, et j'avais de bonnes raisons d'être inquiet à son sujet.

— Ça me revient ! s'exclama-t-elle. Nadine m'a raconté que vous l'aviez obligée à téléphoner à Charleville, à un professeur de philosophie. C'était lui ?

— Oui, vous allez trouver cela curieux, mais j'avais de bonnes raisons de penser qu'il pouvait avoir été assassiné.

Elle me regarda, interloquée.

— Assassiné ?

— Ce serait trop long à vous expliquer, mais j'ai eu très peur de quelque chose dans ce genre. Heureusement, ça n'a pas été le cas. Selon la police, il s'agirait d'un accident. Des témoins affirment que Sébastien s'est trompé de porte. Mais lorsque j'ai vu cet article dans le journal, j'ai été bouleversé.

Son attitude se radoucit.

— Pourquoi ne m'avoir rien dit ? Vous vous êtes enfui, j'ai cru que vous étiez devenu fou ou que vous vous moquiez de moi... Je... je me suis sentie humiliée.

Je m'approchai d'elle et lui caressai doucement les cheveux. Elle ne tenta pas de se dégager.

— Je vous assure que je n'avais aucune intention malveillante... Est-ce que vous avez trouvé mon message sur votre répondeur ?

— Oui, murmura-t-elle dans un souffle.

— Ecoutez, Rachel, je n'arrête pas de penser à vous. Croyez-moi... Sans arrêt, je pense à vous, à vos mains, à votre bouche, à votre corps... Si vous saviez à quel point j'ai envie de vous.

Elle recula vers la porte, manifestement troublée.

— Je vous en prie. Laissez-moi... Il faut que j'aille rejoindre les autres.

Mais je la suivis dans son bureau.

— Tout ce que je souhaite, c'est que vous me croyiez.

— Je... je ne sais pas. Laissez-moi le temps.

— Promettez-moi de m'appeler pour dire que vous me croyez.

— Je ne peux rien promettre, dit-elle en se dégageant. Maintenant, excusez-moi, je dois partir.

Et elle s'enfuit plutôt qu'elle ne quitta son bureau. La porte claqua derrière elle et je restai seul au dispensaire. Toute l'équipe était déjà au restaurant. Rachel n'allait pas tarder à les rejoindre. Il me fallut de longues minutes pour me remettre. J'étais haletant, malade de désir.

Mais l'heure tournait et il y avait mon rendez-vous avec Nina.

Dans la poche intérieure de ma veste se trouvaient

les cinquante mille francs préparés à son intention. Si elle avait tenu parole, dans moins de deux heures, je serais en mesure de confondre Günther ou, du moins, de faire ouvrir une enquête sur lui.

Passage Dallery, au 8, avait dit Nina.

Il me fallut peu de temps pour le découvrir. C'était une ruelle étroite et mal pavée, qui donnait directement dans la rue de la Roquette. Elle était bordée d'immeubles vétustes, promis à une démolition imminente et, bien que nous fussions en début d'après-midi et que Paris s'évaporait sous la canicule, il y faisait froid et sombre.

Soit la décrépitude, soit l'aspect peu accueillant du lieu, j'eus un mouvement de recul avant de m'y engager. Une brusque inquiétude me saisit et je pressentis qu'un désastre m'attendait au fond de cette ruelle.

C'est alors que j'aperçus à l'autre extrémité du passage un attroupement, très précisément à la hauteur du 8. Le cœur battant, je m'y précipitai. Devant la porte, quelques personnes discutaient entre elles.

— C'est de là qu'elle a sauté, dit un grand type vêtu d'un bleu de travail, en montrant une fenêtre. La deuxième en partant de la gauche, au cinquième étage.

Quelques visages se levèrent dans la direction indiquée. On aurait dit un groupe de touristes écoutant une visite guidée.

— J'ai tout vu, continua le type. Elle a enjambé le rebord de la fenêtre et elle est restée longtemps immobile à regarder en bas.

— C'est tout de même malheureux, observa un des curieux, une si jolie fille...

— Dommage, renchérit un autre, elle avait mieux à faire que de sauter dans le vide.

— C'est bien fait pour cette traînée, répliqua sèchement une petite vieille vêtue de noir. Elle rentrait à des heures impossibles. Toutes les traînées finissent de cette façon. Avec la vie qu'elles mènent... Un beau jour... hop ! le grand plongeon. On a beau dire, mais il y a une justice en ce bas monde.

— Quand même, c'était bizarre, reprit le type qui avait tout vu. J'ai eu l'impression qu'elle a sauté malgré elle, qu'elle est tombée en s'accrochant aux rebords de la fenêtre...

— Et si on l'avait poussée ? suggéra quelqu'un.

— Impossible. On est monté tout de suite, il n'y avait personne chez elle, ni dans les escaliers. Elle a sauté toute seule, elle a fait un drôle de vol plané. Et c'est là qu'elle a atterri.

En même temps que les autres badauds, je le suivis vers l'emplacement qu'il désignait.

Il n'y avait aucun doute. Ce corps complètement nu, disloqué sur le pavé, figé par la mort dans une position grotesque, bras et jambes écartés, comme pour une ultime représentation de peep-show, c'était bien celui de Nina. Et le sang qui s'était répandu autour d'elle faisait une tache sombre, telle une couche de Rimmel qui aurait fondu de son visage.

— Faut toucher à rien, dit quelqu'un. On a appelé la police. Elle ne va plus tarder.

Effectivement, on entendit les premiers avertisseurs en provenance de la rue de la Roquette.

A ce moment, je relevai la tête et me retrouvai

nez à nez avec l'homme au tiroir-caisse du peep-show.

Il me reconnut immédiatement.

— Vous ! s'exclama-t-il, en pointant un index incrédule dans ma direction.

Je reculai de quelques pas, mais il me suivit. Visiblement, ma présence sur ces lieux lui paraissait suspecte et il me dévisageait d'un air accusateur.

— C'est vous ! répéta-t-il, comme si j'étais le meurtrier de Nina.

Et, avant que j'ai pu réagir, il m'empoigna par le col de ma veste. Il n'y avait pas de temps à perdre. La police serait là d'un instant à l'autre. Personne ne faisait attention à nous, il fallait en profiter.

Malgré son embonpoint, il n'était pas de taille à lutter. Je le repoussai violemment. Il perdit l'équilibre et, s'agrippant à l'un des badauds, l'entraîna avec lui dans sa chute.

Quant à moi, je n'attendis pas mon reste et me dirigeai le plus rapidement possible vers la rue de la Roquette.

— Vous ! l'entendis-je encore crier.

Mais je ne me retournai pas et je quittai le passage, fusillé par le regard du tiroir-caisse.

— Je ne comprends pas très bien ce que vous êtes venu faire ici, Michel. C'est à la police que vous auriez dû vous adresser.

Raoul Zlibovic n'appréciait guère ma visite.

Juste après avoir quitté le passage Dallery, j'avais trouvé un taxi dans la rue de la Roquette et je m'étais fait conduire chez le vieil analyste. Etonnant réflexe qui, au lieu de me faire prévenir la police, m'avait amené tout droit chez Zlibovic.

— C'est vrai, admis-je. Mais lorsque j'ai découvert la mort de Nina et surtout quand ce type m'a pratiquement accusé d'être son assassin, je me suis affolé et j'ai eu besoin de faire le point avec quelqu'un..., avec vous.

— Je vois, répondit-il sur un ton maussade. Etes-vous sûr de ne pas vous tromper de personne ? Qu'est-ce que vous attendez de moi, au juste ?

Sa question était on ne peut plus claire. Si je voulais voir un analyste, ce n'était pas à lui qu'il fallait s'adresser.

N'obtenant pas de réponse, il poursuivit :

— Vous êtes en plein brouillard, Michel. C'est vrai, vous avez fini par renvoyer votre patient, mais ça n'a rien à voir avec une attitude thérapeutique. Vous vous êtes simplement débarrassé de lui parce qu'il vous encombrait. Et, de votre propre aveu, ce n'est pas une réussite.

Nouveau silence, avant de continuer :

— Ensuite, vous oubliez vos séances de contrôle et brusquement, vous réapparaissez, pour me dire quoi ? Que vous vous êtes laissé manipuler par ce patient, qu'il a réussi à vous expédier coup sur coup à Argenteuil et dans un peep-show ! Je vous mettais en garde qu'il ne vous envoie à Riyād compter ses puits de pétrole, j'étais loin du compte... Vous vous retrouvez plus ou moins compromis dans une histoire de meurtre !

— Vous me trouvez ridicule, n'est-ce pas ?

Il haussa les épaules.

— Ce n'est pas votre narcissisme qui est en question. Lorsque vous vous conduisez de la sorte, vous n'êtes plus un analyste. Quelle réflexion avez-vous sur votre pratique ? Il n'y a pas que cette histoire qui compte, votre activité ne se réduit pas à ce seul patient... Mais sur le reste, vous êtes complètement muet. Vous ne dites rien de votre travail au dispensaire, de cette jeune femme hystérique mariée à un intégriste, ou encore de cet homme qui méconnaît son homosexualité. Une vraie débâcle. Vous êtes incapable de parler de vous, de votre pratique, des autres. Vous vous souvenez de ce que je vous avais dit une fois ? Rien n'est jamais définitif, et l'on peut toujours se découvrir différent de ce que l'on croit être. Est-ce que ce n'est pas cela qui est en train de vous arriver ?

Cette question me déconcerta.

— Je ne sais pas du tout où j'en suis, finis-je par dire, mais vous avez raison, rien ne va. Peut-être la rencontre avec ce patient a-t-elle été un pavé dans la mare, qui a fait remonter à la surface toute une vase que j'ignorais. Mais il est vrai que les événements prennent une tournure qui me déplaît, et pas seulement d'un point de vue professionnel. Ma vie fiche le camp de tous les côtés. J'ai de graves problèmes d'argent, Florence est partie avec Mathieu, je désire une femme et j'accumule toutes les bévues imaginables avec elle, quant à mes patients, je ne leur suis d'aucune utilité. Je suis le témoin passif, ou plutôt l'oreille complaisante de leurs malheurs, sans avoir la moindre prise sur ce qu'ils me racontent...

— C'est plutôt fâcheux.

— En effet.

Il y eut un nouveau silence, qui me parut interminable. Assis derrière son bureau, le menton appuyé sur ses mains croisées, Zlibovic regardait en direction de la fenêtre, plongé dans une profonde réflexion.

— Il est certain, Michel, que vous ne savez plus

très bien ce que vous faites dans votre fauteuil. Il ne suffit pas de s'y asseoir et d'écouter un patient pour croire que c'est arrivé. Ce n'est pas à vous que je l'apprendrai. Il y a tellement d'analystes qui se méprennent sur eux et sur la psychanalyse. Ils placent très haut leur érudition dans ce domaine, et lorsqu'ils ont dit « désir incestueux » ou « complexe de castration », ils croient avoir tout dit. Pour en revenir à notre affaire, depuis que vous recevez ce patient, vous n'êtes plus le même. D'évidence, cette histoire vous a perturbé. Elle a, comme vous dites, fait remonter toute une vase pour le moins curieuse... Avec une analyse, vous y verriez plus clair, dans cette vase.

— Vous ne pensez pas que tout va rentrer dans l'ordre maintenant ? Bien sûr, la mort de Nina me prive de preuves pour faire ouvrir une enquête, mais, même si ce n'est pas un acte thérapeutique, je suis débarrassé de ce patient gênant. Nous n'avons plus rien à voir ni à faire ensemble.

Mon objection l'irrita au plus haut point.

— Rentrer dans l'ordre ? Allons donc, Michel, c'est vous-même que vous cherchez à tromper ! Et puis vous savez très bien que vous n'êtes pas débarrassé de cet individu.

Devant mon air inquiet, il crut bon de préciser :

— Il vous a quitté de façon menaçante. C'est bien ce que vous m'avez dit, non ? Il a promis que sous peu vous entendriez parler de lui. Il semble tenir parole. A votre place, je ne prendrais pas ces menaces à la légère. Ce genre de personnage agit rarement sous le coup d'une impulsion, il maîtrise trop bien ses émotions. S'il vous a laissé entendre que vous auriez bientôt de ses nouvelles, croyez-le. Il doit avoir une idée derrière la tête. Ça ne m'étonnerait pas qu'il se manifeste d'une manière ou d'une autre.

— Si je vous comprends bien, il faudrait prévenir la police.

Zlibovic me considéra attentivement.

— Autant vous le dire, Michel... J'ai vu Florence avant son départ.

Je le regardai, surpris.

— Vous avez vu Florence ?

— Nous avons dîné ensemble avant-hier, ça n'a rien de confidentiel.

— Elle vous a donné les raisons de son départ ?

— Oui, et je la comprends... Ecoutez, Michel, ce n'est plus l'analyste qui vous parle mais l'ami. Cet homme est dangereux, c'est certain. Qu'il soit venu consulter votre ex-épouse n'est pas fortuit, qu'il aille, ensuite, attendre votre fils à la sortie de l'école ne l'est pas davantage. Vous-même étiez sûr de sa présence au zoo. Cet homme vous a manipulé. Il prépare un mauvais coup. Prévenez la police, c'est une précaution élémentaire, ça n'a rien à voir avec la psychanalyse ou avec le secret médical.

— Prévenir la police, mais avec quelles preuves ? J'ai cru qu'il avait tué Sébastien, mais il s'agissait d'un accident. J'ai cru ensuite qu'il avait saboté la voiture de Silbermann, mais il n'a jamais été un de ses patients. Florence me l'a confirmé. Les vêtements tâchés d'huile que j'ai trouvés à Argenteuil ne prouvent rien, il peut les avoir préparés pour conforter le récit de son meurtre. Quant à Nina, même si on pense à un assassinat, rien ne prouve qu'on l'a poussée dans le vide. Selon les témoins, ce serait plutôt un suicide. Elle aurait sauté toute seule. Je sais bien qu'il y a une série de coïncidences troublantes, mais insuffisantes pour établir véritablement une preuve.

— Et en quoi cela vous concerne-t-il ? Est-ce à vous de décider de ce qui est une preuve ? Vous vous retrouvez avec une sale affaire sur les bras, Michel. Tout ce que vous avez à faire, c'est prévenir immédiatement la police. C'est elle qui décidera de la suite à donner. Pourquoi faut-il que vous sortiez toujours de votre rôle ? Vous ne cherchez tout de même pas à ménager cet individu ?

Puis, sans me laisser le temps de répondre, il se leva pour me signifier que l'entretien était terminé. Je me levai à mon tour et payai la séance.

— Si je me souviens bien, dit-il en me raccompagnant jusqu'à la porte, vous avez un ami dans la police. Vous devriez lui en parler. Dites-lui tout ce que vous savez sur cet homme et sur cette danseuse de peep-show. Le reste n'est plus de votre ressort.

Il me serra la main, hésita un peu avant d'ajouter :

— Je pense que nous devrions nous en tenir là, Michel... Je ne suis plus en mesure de vous aider.

Je le regardai, abasourdi.

— Qu'est-ce que vous voulez dire ?

— Il ne faut plus compter sur moi. Mon rôle se limite à superviser les analyses de mes confrères. Cela dépasse largement le cadre d'un contrôle... Nous nous connaissons trop pour que je vous prenne en analyse. J'aurais bonne mine à écouter vos fantasmes. Et puis vous le savez, j'approche de la retraite et je n'ai plus l'intention de m'occuper de nouveaux patients.

Je voulus protester, mais je ne trouvai aucun argument.

— Restons-en là, Michel, répéta-t-il en me serrant

la main. Tout ce que je peux faire, c'est vous souhaiter bonne chance... et, dans votre situation, vous en avez rudement besoin.

Il poussa doucement la porte et je me retrouvai, presque tétanisé, sur le palier. Avec cette porte qui s'était refermée derrière moi, une part importante de mon existence venait de me donner son congé. Je restai longtemps dans l'escalier, assis sur une marche, incapable de prendre une décision et de m'arracher à la pénombre de ce lieu. Une violente migraine commença à sourdre au fond de mon crâne. Ce fut seulement en entendant un bruit de pas aux étages supérieurs que je me décidai à quitter l'immeuble de Zlibovic, sur la pointe des pieds, tel un voleur.

Dehors, j'eus peur.

La lumière y était vive et il faisait une chaleur lourde et oppressante, qui me parut tout de suite hostile. Le parvis de Beaubourg, brûlant de soleil, avait été abandonné par ses habituels saltimbanques. Des promeneurs, à l'allure un peu désœuvrée, erraient devant le Centre Pompidou, sans bien savoir où diriger leurs pas. Un peu plus loin, occupant solidement les zones d'ombres, des individus à l'allure dépenaillée attendaient certainement une température plus clémente pour faire la manche.

Je fis quelques pas dans cette lumière avec autant de précaution que si je découvrais un monde lointain et étranger. Malgré la canicule, je me sentais glacé, comme en plein hiver. Je débarquais d'une autre planète. La planète psychanalyse, d'où je venais d'être banni.

Bien sûr, j'aurais pu me raisonner. Dans les faits, il était exagéré de parler d'exclusion. L'attitude de Zlibovic ne constituait nullement un interdit professionnel, et rien ne m'empêchait de choisir un nouveau contrôleur... ou de m'en passer. Après tout, j'étais médecin psychiatre, reconnu par l'Université ; à ce titre, j'avais le droit de soigner tous les patients que je voulais. Mais — et je partageais cette façon de voir avec Zlibovic — la psychanalyse ne se jouait pas sur ce terrain. Pour moi, être analyste, c'était d'abord une manière de se comporter, de réfléchir et, bien au-delà, une conception du monde et de la vie. C'était être une sorte de sage. Cela ne s'apprenait ni à l'université ni dans les livres et n'était reconnu par aucun diplôme. Zlibovic avait raison : on soignait avec ce qu'on était et non avec ce qu'on savait. A cet égard, on pouvait parler d'une grâce qui se révélait parfois dans une analyse personnelle et qui, telle la grâce pascalienne, n'était jamais acquise. Cette thèse, je l'avais, à plusieurs reprises, défendue dans mes différents articles et communications. A présent, cela n'avait plus d'importance. En me refusant son contrôle, Zlibovic m'excluait du cercle freudien. Bien sûr, personne n'était infaillible, un psychanalyste pas plus qu'un autre. Mais pour exercer une telle profession, il importait de connaître ses limites. Florence s'était montrée beaucoup plus avisée que moi avec Günther. J'aurais dû me conduire comme elle, je ne l'avais pas fait ; et, pour cette raison, je me sentais seul et désespéré, loin du divan.

Je m'engageai dans la rue Rambuteau en direction du boulevard Sébastopol, sans bien savoir où j'allais. Ce qui s'était passé avec Zlibovic m'avait littéralement pétrifié, et la migraine, qui gagnait en intensité, contribua à augmenter ma confusion. Combien de temps passai-je ainsi à errer ? Je n'aurais su le dire. Tantôt je poussais jusqu'au Forum des Halles, tantôt j'empruntais la rue Lescot et revenais jusqu'au Centre Pompidou, puis je m'asseyais à la terrasse d'un café, commandais un demi que je ne buvais pas et reprenais ma déambulation entre Beaubourg et le Forum. C'est ainsi que, passant devant le *Crazy-Sexy*, je faillis y entrer, m'attendant sans doute à y retrouver Nina. Mais, comprenant ma méprise, je battis vivement en retraite.

Sur le boulevard Sébastopol, un type s'approcha de moi. D'abord je crus qu'il allait me chercher querelle, mais il voulait simplement savoir l'heure. Il était six heures passées et je me souvins alors que mes patients n'allaient plus tarder, en particulier Lisa.

Je n'avais aucune envie d'entendre leurs histoires et surtout pas celles de Lisa avec son mari. Pourtant, quel que fût mon ennui, je leur devais au moins ma présence. Peut-être Lisa ne viendrait-elle pas ? Mais il n'était pas certain que son absence de la dernière fois se répéterait. De toute façon, je ne pouvais pas la laisser attendre dehors.

Un taxi passa sur le boulevard, je l'arrêtai et lui indiquai l'adresse de mon cabinet.

A peine étais-je rentré que j'entendis sonner.

C'était Lisa.

De nouveau, j'eus un choc en la voyant. Elle était vêtue avec la même austérité que la dernière fois, mais elle semblait avoir vieilli de plusieurs années, repliée, ou plutôt ratatinée sur elle-même. Ses yeux étaient rouges d'avoir pleuré et son visage exprimait une sorte de panique incontrôlable.

Elle s'allongea sur le divan et laissa passer plusieurs minutes avant de prendre la parole.

— Cela vous étonne de me voir ainsi, commença-t-elle, d'une voix entrecoupée de sanglots.

Puis elle se tut, comme si la suite était trop pénible et qu'elle attendait un encouragement.

— Continuez.

— Si je ne suis pas venue à la séance précédente, c'est que... c'est à cause de...

Nouveau silence.

— A cause de ?

— De... de mon mari.

— Je croyais qu'il vous encourageait à venir ?

Pour toute réponse, elle sortit un mouchoir de sa poche et se mit à sangloter doucement.

— Ce mariage n'a pas l'air de vous ravir, observai-je.

— Non, il ne me ravit pas du tout.

Elle attendit un peu avant de continuer.

— Je suis allée chez Henri hier soir, et... et ça a été épouvantable. Je sais bien que cet homme a le souci de la mortification, mais jamais je n'aurais imaginé qu'il ait poussé le désir d'humilité si loin. Il est vrai qu'il faut d'abord songer à élever son âme et que les biens matériels sont sans importance... Pour lui, j'ai renoncé à tout, au confort, à la frivolité, à ma carrière... J'ai présenté ma démission au laboratoire, j'ai quitté mon appartement, mais ce qu'il veut cette fois-ci est impossible...

— Que veut-il ?

— Vous ne le croirez pas. Il... il voudrait que je vive dans... une cabane à lapins.

— Une cabane à lapins ?

Je faillis éclater de rire.

Brusquement, Lisa se redressa et se tourna vers moi. Il y avait une telle expression de panique sur son visage que je retrouvai immédiatement mon sérieux.

— Docteur ! s'exclama-t-elle. Je ne plaisante pas. L'homme que j'ai épousé est un fou ! Il habite dans une vieille maison délabrée en banlieue, en face d'un cimetière. Pour tout meuble, il y a une table en bois et une chaise. Il veut que je vive là, avec lui, que je dorme dans un sac de couchage, à même le sol, parmi les détritus.

En entendant cela, je sentis mon sang se glacer dans mes veines.

— Où... où se trouve cette maison ? demandais-je d'une voix blanche.

Mais déjà, je connaissais la réponse.

— A Argenteuil, répondit-elle, vaguement déconcertée par ma question. Quelle importance où il habite ? C'est épouvantable, jamais je ne pourrais vivre dans un endroit pareil. Mais il y a pire...

— Quoi donc ?

— Vous allez croire que je suis folle, mais je suis sûre d'être en danger. Cet homme... mon mari, je crois qu'il...

De nouveau, elle s'interrompit pour donner libre cours à sa douleur.

— Qu'est-ce que vous croyez ?

— Hier soir, j'ai eu très peur. Lorsque j'ai vu où il habitait, j'ai voulu m'enfuir, mais il m'a obligée à rester. Il ne m'a pas brutalisée, mais il y avait une telle violence dans son attitude que je n'ai pas osé le contrarier. Véritablement, il me séquestrait. Il n'y a pas d'autres mots.

— Pourtant, vous avez pu venir ici.

— Oui, je ne comprends pas très bien ce qui lui a pris. Il y a un peu plus d'une heure, il m'a rappelé que je devais me rendre à ma séance, il m'a rendu la clé de ma voiture et m'a conseillé de me dépêcher à cause des embouteillages.

Je n'en crus pas mes oreilles.

— Il vous a dit d'aller à votre séance ?

— Cela paraît inconcevable, mais c'est la vérité. Il m'attend chez lui, dans la soirée. Cet homme est effrayant, j'ai l'impression que, si je ne lui obéis pas, il est capable de me tuer.

Elle avait prononcé ces mots sans pouvoir contenir la terreur qu'elle ressentait.

— Qu'est-ce qui vous fait croire cela ?

— Je ne sais pas... Je l'ai vu dans son regard. Cet homme est dangereux, j'en suis sûre. Il est possible qu'il m'attende en bas et qu'il me suive jusqu'à ce que je rentre à Argenteuil... Oh, si vous saviez à quel point je le hais !

— Mais pourquoi l'avez-vous épousé ?

J'avais pratiquement hurlé cette question.

— Pourquoi ? Mais à cause de vous !

— A cause de moi ?

— Oui, vous manifestiez une telle réserve à mon endroit que j'ai essayé de vous faire réagir. Je pensais qu'au moins vous me déconseilleriez d'épouser cet homme. Cela m'aurait donné l'impression que vous vous intéressiez à moi. Mais vous n'avez pas bronché. Je me serais jetée à l'eau que vous n'auriez pas davantage bougé. Seule comptait votre neutralité, votre foutue neutralité bienveillante.

Je me sentis atterré et, de nouveau, je me pris à regretter de ne pas l'avoir rejointe sur le divan. Cela ne l'aurait certainement pas guérie de sa folie, mais lui aurait peut-être évité bien des déboires.

On aurait dit qu'elle lisait dans mes pensées, car elle ajouta :

— Il est trop tard pour regretter. Le mal est fait... ou plutôt n'a pas été fait. L'important, c'est que j'arrive à me sortir de cette situation.

— Qu'est-ce que vous comptez faire ?

— Je ne sais pas... Quel que soit l'endroit où je m'enfuirai, il me retrouvera, et j'ai peur de ce qui se passera alors. Je préfère retourner le voir, lui expliquer qu'il m'est impossible de vivre avec lui. S'il ne veut pas comprendre, j'irai trouver la police.

Je doutais fort que Günther fut disposé à la laisser partir aussi facilement.

— Pourquoi ne pas y aller maintenant ?

— A quoi bon ? Il ne m'a pas menacée, ne m'a pas frappée et nous sommes mariés. Qu'est-ce que je dirai à la police ?

Je fis une dernière tentative.

— Peut-être feriez-vous aussi bien de ne pas rentrer.

— Non, docteur, je préfère agir à ma manière. Il faut que j'aie une explication avec mon mari. On verra ensuite.

Il était inutile d'insister.

— Bien, madame, dis-je en me levant.

Elle laissa ses quatre cents francs sur mon bureau et partit sans un mot.

Dès que je fus seul, je fermai le cabinet et descendis à l'appartement. Peu importait les autres patients, il y avait plus urgent.

Ainsi Günther et Henri Fontaine ne faisaient

qu'une seule et même personne. Il avait épousé Lisa sous un faux nom et nul doute que, si l'on n'intervenait pas rapidement, la malheureuse connaîtrait le même sort que Laura Bloch. Et ce qui arrivait, d'une certaine manière, était ma faute. Je ne pouvais m'empêcher de me sentir coupable vis-à-vis de Lisa.

Zlibovic avait raison : Günther avait tenu parole, il n'avait pas tardé à faire parler de lui. Mais j'étais loin de m'attendre à ça.

En même temps, quelque chose m'échappait. Pourquoi avait-il envoyé Lisa me raconter cette histoire ? Dans quel piège voulait-il m'attirer ?

Je pris le téléphone et appelai Gilbert. Bien entendu, ce fut un de ses adjoints qui me répondit.

— Le commissaire Chapireau est absent, voulez-vous lui laisser un message ? Il sera là demain matin.

— Non, dis-je en raccrochant.

Je me servis un scotch et restai un long moment à réfléchir. Provenant de l'escalier, je crus entendre des bruit de pas. Sans doute un de mes patients qui venait de trouver porte close et repartait chez lui.

Finalement, je pris une décision.

J'ouvris le coffre où j'avais déposé l'argent de la BMW. Après avoir cherché quelques instants, je finis par trouver ce qui m'intéressait : un Webley automatique 6,35 à six coups. Cet objet m'avait valu les sarcasmes de Florence qui aurait voulu que je m'en débarrasse. Mais l'arme venait de mon père et je n'avais pu m'y résoudre. Elle était parfaitement entretenue; il m'arrivait même de m'entraîner au tir avec, un des rares sports que je pratiquais encore. Je vérifiai qu'elle était chargée, puis j'enfilai un blouson de cuir et la glissai dans ma poche extérieure.

Dehors, la nuit commençait à tomber.

Je descendis au parking, pris la 205 de Florence et me dirigeai aussi vite que les embouteillages le permettaient vers la porte d'Asnières.

Il ne s'agissait plus de psychanalyse, les conseils de Zlibovic n'y pouvaient rien changer. Savoir si je me comportais en analyste était sans intérêt. Lisa était menacée, ne pas intervenir eût relevé de la non-assistance à personne en danger. Aller à son secours, c'était bien le moins que je lui devais.

Quant à Günther, il importait de le mettre hors d'état de nuire au plus vite. Dussé-je utiliser la force pour lui extorquer des aveux et le traîner ensuite dans un commissariat.

C'était ce que je me disais tandis que je fonçais sur la nationale 309 en direction d'Argenteuil.

10

Une demi-heure plus tard, j'arrivai devant la cabane de Günther, au croisement de la rue de Raguenet et de la rue de Maully.

Je me garai à côté du cimetière et, le cœur battant, m'approchai doucement de la baraque en serrant le Webley dans la poche de mon blouson.

La porte de la cabane était légèrement entrouverte. A l'intérieur, il faisait sombre. Il n'y avait probablement personne et Günther devait être à Paris en train de surveiller Lisa. Néanmoins, je poussai lentement la porte et me glissai à l'intérieur de la cabane avec des prudences de chat.

Brusquement la pièce s'éclaira et, sans avoir le temps de réagir, je me retrouvai avec un automatique pointé sur moi.

L'homme qui tenait cet automatique était Günther. Il était assis de l'autre côté de la table et me regardait en souriant.

Manifestement, il m'attendait.

— Bonjour, monsieur le psychanalyste, fit-il aimablement. Félicitations, vous avez été encore plus diligent que je ne le pensais. Lisa vous a bien transmis le message.

Comme j'avançai vers lui, il leva son arme vers mon visage et j'eus l'impression que le canon était braqué entre mes deux yeux.

— Ne bougez plus ! ordonna-t-il sur un ton comminatoire, un coup peut partir très vite, si vite que vous ne vous en apercevriez même pas... Et ce serait dommage, nous avons tellement de choses à nous dire, n'est-ce pas docteur Durand ?

Sur le coup, cette situation me sembla dépourvue de toute réalité. J'avais l'impression de regarder un film dont j'aurais été un des personnages. Néanmoins, je préférai lui obéir et je m'immobilisai au milieu de la pièce, m'attendant à ce qu'il m'ordonnât de lever les mains. Mais il n'en fit rien et je les laissai dans les poches de mon blouson. Nous nous dévisageâmes en silence pendant un long moment. Il ne s'était pas départi de son attitude aimable, mais je le savais intensément aux aguets.

— Vous pourriez m'expliquer ce que signifie tout cela ?

Il me jeta un regard faussement étonné.

— Qu'y a-t-il à expliquer ? J'ai épousé Lisa et je lui ai proposé de vivre ici. Il est normal qu'elle vive avec son mari, non ? Mais, que voulez-vous, ma demeure n'a pas l'air de lui convenir. Elle est trop habituée au luxe, sans doute. Je pensais bien qu'elle irait pleurer sur votre divan et que vous, n'écoutant que votre grand cœur et le désir qu'elle vous inspirait, vous voleriez à son secours. Apparemment, je ne me suis pas trompé.

— Pourquoi avez-vous épousé Lisa ?

— N'importe quel homme serait flatté d'avoir une épouse aussi séduisante.

— Ne racontez pas d'histoires, dis-je en faisant un pas vers lui. Vous l'avez épousée avec une intention très précise. C'est pour ça que vous avez utilisé un faux nom.

Pour toute réponse, l'arme se fit plus menaçante, et je vis Günther commencer à presser la détente.

— Je vous ai conseillé de ne pas avancer. Soyez sûr que je n'hésiterai pas à tirer.

— Soit, je ne bouge plus, mais répondez à ma question.

— Vous avez raison, Lisa croit que je m'appelle Henri Fontaine. Je n'ai pu faire autrement. Officiellement, je suis toujours marié... même si ma femme est censée vivre à Rio. En outre, si Lisa vous avait dit qu'un dénommé Günther Bloch voulait l'épouser, mon plan était fichu. J'ai donc changé d'identité. Avec de l'argent, rien n'est plus simple : on trouve tous les faux papiers nécessaires, encore plus vrais que les vrais. Il suffit d'y mettre le prix. Pour le reste, c'est une longue histoire, dit-il en regardant sa montre. J'espère que j'aurai le temps de vous la raconter avant l'arrivée de Lisa. Normalement, elle ne devrait pas rentrer tout de suite, mais on ne sait jamais.

Il hésita un peu et, finalement, se décida.

— Cela commence à l'époque où j'ai fait la connaissance de Jacques Silbermann... Je dois reconnaître que c'était un grand psychanalyste et...

— Jacques Silbermann ! interrompis-je. Vous n'avez jamais été en analyse chez lui. C'était une fable pour que je vous accepte en thérapie.

La surprise qui se peignit sur son visage parut sincère.

— Qu'est-ce qui vous permet d'affirmer cela ?

— Le fait que vous ne figuriez pas sur la liste des patients de Jacques Silbermann.

Cette réponse le fit sourire.

— Vous avez mené votre enquête, n'est-ce pas ? Mais vous ne pouviez pas me reconnaître parce que j'y figurais sous le nom de Philippe Voisin. Je vous ai dit qu'il m'arrivait de changer d'identité quand c'était nécessaire.

Effectivement, je me souvenais avoir vu ce nom parmi ceux que m'avait montré Gilbert.

— Vous avez donné un faux nom à Silbermann ?

Son sourire s'accentua. Il avait l'air de beaucoup s'amuser.

— Vous vous trompez, Philippe Voisin, c'est mon vrai nom. C'est chez vous que je me suis fait appeler Günther Bloch. Avec Silbermann, il m'était impossible de prendre un autre nom.

— Pourquoi ?

— Parce qu'il... me connaissait déjà.

— Il vous connaissait ?

— Oui, de l'hôpital psychiatrique de Villejuif... C'était le médecin-chef du service où j'étais interné.

Il laissa passer quelques instants avant d'ajouter :

— Vous vous demandez ce que je faisais à Villejuif, n'est-ce pas ? Pour que vous compreniez, il faut que je remonte un peu plus loin dans le passé. Laura n'est pas ma première femme, j'avais déjà été marié avant de faire sa connaissance. Il est vrai que mon mariage a été très bref... je n'ai pas attendu longtemps pour tuer ma première épouse, comme j'ai ensuite tué Laura et comme je me prépare maintenant à tuer Lisa... Vous voyez, je présente des dispositions certaines pour le veuvage.

Le regard horrifié que je lui jetai le laissa complètement indifférent.

— Rassurez-vous, je ne suis pas Barbe-Bleue. Ce n'est pas pour le plaisir que je tue mes épouses... enfin, pas vraiment.

— Pourquoi les tuez-vous, alors ?

— Pourquoi ? Mais pour l'argent, mon cher ! Tout simplement pour l'argent. Pour en gagner, chacun a ses modèles, l'Idéal du moi, en jargon psychanalytique. Votre idéal, c'est Freud, le mien, c'est Landru. C'est de lui que je descends, ou de Petiot, certainement pas de Jack l'Eventreur. Je déteste le crime gratuit et j'ai horreur des psychopathes qui tuent par instinct ou par plaisir... Mais je reviens à mon récit. Béatrice — c'était le nom de ma première épouse — était très riche. C'était sa principale et probablement son unique qualité, c'est pour cela que je l'ai épousée. Il me fallait sa fortune, pour moi tout seul. Je l'ai donc... éliminée. C'était mon premier assassinat, mais j'étais jeune à l'époque, je manquais d'expérience. Bien que ce meurtre fût maquillé en accident, la police a vite fait de découvrir la vérité. Je n'ai pu sauver ma tête que grâce à l'habileté de mon avocat. Il a plaidé le coup de folie sous l'emprise de la jalousie.

Ici, il s'interrompit, cette évocation paraissait éveiller en lui quelque amertume.

— La jalousie ! Ça aurait pu être vrai, remarquez. Béatrice passait son temps à me tromper. Il faut reconnaître qu'avec moi elle avait des raisons de se sentir insatisfaite... Je n'ai jamais été particulièrement brillant au lit. Ma spécialité, moi, c'est le meurtre... Bref, aidé par des experts psychiatres sur mesure, mon avocat a réussi à démontrer aux jurés que, malgré la préméditation apparente, j'avais tué en état de démence. Au lieu de la perpétuité, je me suis retrouvé, grâce à l'article 64 du Code pénal, à l'hôpital psychiatrique de Villejuif. Ce qui était, reconnaissez-le, un moindre mal. C'est de cette façon que j'ai rencontré Jacques Silbermann.

Il sortit un paquet de Philip Morris de sa poche et me proposa une cigarette, que je refusai. C'était la première fois que je le voyais fumer.

— C'est à l'hôpital psychiatrique que j'ai contracté l'habitude de fumer, m'expliqua-t-il. Il y règne un tel ennui et un tel désœuvrement que l'on ne sait pas quoi faire d'autre. Je vous assure que les campagnes antitabac n'y ont pas grand succès. Les malades n'arrêtent pas de mendier des cigarettes à droite et à gauche, aux infirmiers, aux médecins, aux visiteurs. J'ai assisté à des bagarres effroyables pour un mégot.

Pendant qu'il allumait sa cigarette, je constatai qu'il n'avait pas cessé de pointer son arme dans ma direction, et je commençai à me sentir inquiet.

— Jacques Silbermann n'avait pas été dupe du verdict qui m'avait amené à Villejuif, reprit-il. La crise de jalousie, ça le faisait plutôt rire. Mais il ne croyait pas davantage au mobile que j'avançais. Enfin, pas complètement. Selon lui, l'argent était un alibi. Si j'avais tué Béatrice, c'était pour d'autres raisons, parce que les femmes m'angoissaient et que je les haïssais. Je vous avais dit tout à l'heure que je n'étais pas très brillant au lit. Silbermann voyait dans mon peu d'enthousiasme à satisfaire Béatrice la manifestation flagrante de ma haine pour les femmes, de mon plaisir à les frustrer. Il attribuait ce sentiment à des rapports très complexes avec ma mère.

D'un air songeur, il aspira une longue bouffée qu'il souffla lentement par le nez.

— Remarquez, ce n'était pas complètement idiot. Jacques Silbermann était certainement le seul à avoir compris mon aversion pour le sexe féminin. L'argent, même s'il est agréable d'en posséder, n'était peut-être pas le mobile essentiel de mes meurtres. Allez donc savoir ! L'être humain est tellement complexe. En tout cas, Jacques Silbermann s'intéressa à moi et je vis dans cet intérêt un moyen de quitter l'hôpital psychiatrique. Il pensait qu'un travail analytique en profondeur mettrait un terme à mes pulsions meurtrières et que je pourrais être rendu à la liberté. Devant un tel enjeu, vous pensez bien que j'abondais dans ce sens. Mon désir de quitter l'hôpital était tel que je réussis à trouver d'indéniables accents de vérité pour dire ce qu'il voulait entendre. On a beau être un homme d'une grande finesse et un médecin de renom, on n'en est pas pour autant à l'abri de la vanité. Silbermann n'était pas peu fier de mes progrès. Il y a cru et a obtenu la levée de mon placement d'office à Villejuif. Je me suis donc retrouvé en liberté. Celle-ci, bien sûr, était conditionnée à la poursuite des soins. Je n'ai donc fait aucune objection pour continuer mon traitement, une fois libéré.

Il marqua une pause pour allumer une nouvelle cigarette avec le mégot de la précédente. Visiblement, il était heureux de me raconter cette histoire. Lui non plus n'était pas exempt d'une certaine vanité.

— Tout d'abord, je pensais aller voir Silbermann

pour la forme pendant quelque temps. Mon idée, c'était de disparaître dans la nature dès que possible. Dans cette intention, je m'étais installé à Argenteuil. Pas dans cette cabane, évidemment. On aurait fini par me remarquer, j'ai donc loué un pavillon préfabriqué dans un lotissement. Rien ne vaut la médiocrité pour passer inaperçu. Ensuite, je me suis procuré de faux papiers, au nom de Günther Bloch. Je viens de vous l'expliquer, avec de l'argent, c'est facile ; et de l'argent, croyez-moi, Béatrice m'en avait largement laissé. Tout était donc en place pour quitter Silbermann. Mais, contrairement à mon projet initial, j'ai attendu avant de le faire. Ses clients m'intéressaient. Je voulais savoir qui ils étaient et surtout quel était leur niveau de fortune. Pour cela, j'ai même eu recours à une agence privée d'investigation. D'après ce que je savais de la psychanalyse — et je commençais à en savoir pas mal —, les séances étaient plutôt coûteuses, ce pouvait être l'occasion de rencontrer une riche patiente. Je ne me trompais pas : c'est ainsi que j'ai fait la connaissance de Laura et que j'ai réussi à l'épouser.

— Laura ? fis-je. Elle était en analyse chez Silbermann ?

— Vous n'avez pas dû y prêter attention puisque c'était moi que vous cherchiez, mais, parmi les patientes de Silbermann, se trouvait une Marie-Laure Grandville... C'était la future Mme Laura Bloch.

C'était aussi un nom que j'avais vu sur la liste de Gilbert. Je m'en voulus, à ce moment, de ne pas avoir fait le rapprochement avec Laura.

— Marie-Laure — ou Laura, si vous préférez —

était dépressive, ce dont je me fichais éperdument. En revanche, elle était riche, très riche. Cela, je ne m'en fichais pas. C'était même une excellente raison pour l'épouser... et pour m'en débarrasser. Je lui ai d'abord fait placer tout son argent dans une affaire fictive, afin qu'on ne retrouve pas ma trace — j'ai pris la même précaution avec Lisa —, et puis je l'ai éliminée, dans les conditions que vous savez. Le problème, c'est que Jacques Silbermann a tout découvert. Je ne pensais pas qu'un intellectuel de sa trempe lirait les faits divers dans *Le Parisien*. Eh bien je m'étais trompé, il les lisait. Les gens sont parfois imprévisibles. En tout cas, c'est comme ça qu'il a appris ce qui était arrivé à Marie-Laure. Il a fait le rapprochement entre Günther Bloch et moi, et il a tout compris. L'escapade à Rio n'a pas dû l'abuser bien longtemps.

— Et vous avez donc éliminé Jacques Silbermann ?

— Qu'est-ce que je pouvais faire d'autre ? Quand il a su la vérité, il était effondré. Lui, le clinicien hors pair, le brillant théoricien, il s'était complètement fourvoyé. Il m'a dit son intention de prévenir la police. Je l'ai supplié de me donner une chance. Si je me livrais moi-même à la police, au moins pourrais-je bénéficier de circonstances atténuantes. Il s'est laissé fléchir. Je crois que l'idée de me dénoncer lui répugnait profondément. Nous étions convenus que je me serais constitué prisonnier le jour même. Il devait se rendre à Fontainebleau, une fois arrivé il appellerait le parquet. La suite, vous la connaissez. J'avais déjà pris mes précautions et il n'est jamais arrivé à Fontainebleau.

— Vous êtes ignoble ! m'écriai-je. Non seulement

vous l'avez tué lui, mais aussi sa femme et ses deux enfants !

Cette accusation parut sincèrement l'émouvoir.

— Qu'est-ce que je pouvais y faire ? Ce n'est pas ma faute s'il a emmené toute sa famille. C'était lui seul que je visais, personne d'autre.

— C'est monstrueux ! hurlai-je, hors de moi. Vous tuez froidement les gens et vous n'avez pas un mot de regret !

Il sourit.

— Allons, docteur Durand, dit-il doucement, dois-je vous rappeler que vous êtes un psychanalyste et pas un procureur ? Vous avez une singulière tendance à sortir de votre rôle ces temps-ci.

Puis, jetant un coup d'œil à sa montre, il ajouta :

— Je vous préviens qu'il ne reste pas beaucoup de temps avant l'arrivée de Lisa. Si vous m'interrompez sans cesse, je ne pourrai pas terminer mon histoire.

Je me calmai.

— Très bien, continuez.

Une lueur amusée brilla de nouveau dans ses yeux.

— A la bonne heure ! s'exclama-t-il. Vous voilà redevenu raisonnable. « Continuez », on se croirait dans votre cabinet d'analyste ! Mais revenons-en à nos moutons. Une fois Silbermann… neutralisé, je m'empressai de disparaître. Günther Bloch me convenait parfaitement. Qui irait penser que derrière un paisible rentier d'Argenteuil, cocu de surcroît, se dissimulait en réalité Philippe Voisin ? Là-dessus, on a conclu à la mort accidentelle de Jacques Silbermann. Ce qui arrangeait tout à fait mes affaires. J'étais donc tranquille.

— Tranquille pour recommencer ! remarquai-je sur un ton grinçant.

— Exactement... Figurez-vous que j'avais pris goût à la psychanalyse. Pas en tant que thérapeutique, bien sûr. Tuer les femmes constituait pour moi une source de profit non négligeable. Pourquoi me serais-je guéri d'une maladie aussi rentable ? En fait, je suis devenu une sorte d'analysant-chasseur, spécimen extrêmement rare — peut-être unique — dans l'histoire de la psychanalyse, vous me l'accorderez. Cette vocation est née, alors que je me trouvais encore à l'hôpital psychiatrique. Et c'est ainsi que le cabinet de l'analyste est devenu mon territoire de chasse et ses patientes — à condition qu'elles fussent riches —, mon gibier de prédilection. C'est pourquoi, une fois Silbermann éliminé, il fallait que je me trouve un nouveau territoire. A cet égard, votre cabinet me convenait à merveille.

— D'où me connaissiez-vous ?

— En fait, je ne me suis pas seulement intéressé aux patients de Jacques Silbermann, mais aussi à lui-même, à sa manière de vivre, à son entourage. C'est ainsi que j'ai appris que vous étiez amis... Votre ex-femme, aussi, s'entendait très bien avec Silbermann. Je pense qu'il est inutile de vous faire un dessin.

— Inutile, répliquai-je sèchement. Donc, vous êtes venu en analyse chez moi...

— Oui, et j'ai découvert Lisa. Elle est aussi névrosée que Marie-Laure, mais bien plus riche. Il est vrai que j'ai failli me laisser abuser par son métier de visiteuse médicale. La garce, elle voulait faire croire qu'elle n'avait que son salaire ! Mais à force de fréquenter... et d'épouser des femmes riches, je suis devenu un spécialiste en la matière, je peux reconnaître au premier coup d'œil celles qui ont de l'argent, même déguisées en souillon ou en représentant de commerce. Les manières de Lisa ne trompaient pas. Après enquête, j'ai appris qu'elle avait une fortune considérable. Je n'allais tout de même pas laisser passer une occasion pareille. Seulement, ça n'a pas été aussi simple qu'avec Marie-Laure. Pour séduire Lisa, c'était une autre paire de manches, croyez-moi.

Il laissa échapper un long soupir. Cet épisode semblait pénible à évoquer.

— Au début, je manquais d'assurance. Il faut avouer que je n'ai pas l'allure d'un séducteur. J'imaginais qu'une personne aussi belle et aussi élégante que Lisa devait s'intéresser à des hommes d'un autre gabarit que le mien, par exemple à quelqu'un dans votre genre. Mais ce n'était pas la principale difficulté.

Nouveau soupir et nouvelle cigarette, allumée avec la précédente. Je n'avais jamais vu fumer avec une telle constance. A l'évidence, Günther avait dû en baver avec Lisa.

— La principale difficulté, expliqua-t-il, c'étaient ses appétits sexuels, sa libido, comme vous dites. J'imagine qu'elle a dû vous en parler. Si on ne parle pas de ça en analyse, de quoi parle-on ? Une vraie nymphomane ! Insatiable ! Pas étonnant qu'elle fasse fuir les hommes ! Et moi qui n'étais pas porté vers ce genre de chose. Je vous assure, je n'étais pas à la fête !

Sa rancœur était telle que je ne pus m'empêcher de sourire. Jacques Silbermann avait raison, de ce côté, ça n'allait pas.

— Vous auriez dû m'en parler quand vous étiez en analyse, dis-je ironiquement, j'aurais pu vous aider.

Cette réponse ne fut pas de son goût. Il pointa son arme d'une manière menaçante vers moi.

— Ça vous amuse, n'est-ce pas ? s'écria-t-il, furieux. Mais je vous assure que vous ne rirez pas longtemps.

Ce fut la seule fois où je le vis perdre son sang-froid. Mais cela fut de courte durée.

— Heureusement, reprit-il sur un ton plus calme, j'ai pu la convaincre qu'il n'y avait pas que le sexe dans la vie. Elle avait besoin d'une relation stable avec un homme, c'était même ce qui lui manquait le plus. Il m'a été facile de lui démontrer qu'avec moi, c'était possible.

— D'où l'histoire du croyant qui répugne à commettre le péché de concupiscence ?

— C'est une trouvaille dont je suis assez fier. Lisa était insatiable mais, au fond, ce qu'elle demandait à un homme, c'était de lui prouver son amour. Je l'ai donc persuadée qu'on pouvait s'aimer sans passer sa vie au lit. En multipliant les attentions et les prévenances, j'ai réussi à me l'attacher aussi sûrement qu'un virtuose... de la fornication.

— Je vois, fis-je. Il faut reconnaître que vous avez finement joué avec elle.

Ce compliment lui alla droit au cœur, et je le vis se rengorger fièrement.

Tout s'éclairait et je comprenais l'attitude de Lisa. Son enthousiasme pour l'amour platonique, c'était l'œuvre de Günther. Pour le garder, elle se forçait à croire que la chasteté — qui ne correspondait guère à son tempérament — constituait la seule manière authentique d'aimer.

— Le plus drôle, continua-t-il, c'est que Lisa pensait que vous étiez la cause de ce changement. « Grâce à l'analyse, répétait-elle, je commence à comprendre qu'il n'y a pas que le sexe dans la vie. » Touchant, n'est-ce pas ? Vous ne pouvez pas savoir combien elle vous en était reconnaissante... Bref, nous nous sommes mis à parler mariage et, une fois les bans publiés, elle m'a laissé sans difficulté gérer sa fortune.

— Tout était donc mûr pour vous en débarrasser, observai-je.

— Presque tout, rectifia-t-il. J'avais encore besoin de votre concours.

— De mon concours ?

— Oui, j'ai décidé de jouer cette affaire plus finement qu'avec Silbermann. Depuis le début, je n'avais qu'un objectif : vous prouver ma dangerosité. En vous racontant la manière dont je m'étais débarrassé de Marie-Laure, je vous ai montré que je ne reculais devant rien. Votre petite enquête au Centre Pompidou, puis dans cette maison et enfin auprès de Nina m'a montré que j'étais sur la bonne voie.

— Vous étiez donc au Centre Pompidou ?

— Oui, c'est moi qui ai arrêté le microfilm sur l'article du *Parisien*. Je vous épiais aussi quand vous étiez avec votre fils au zoo de Vincennes... Je voulais créer un certain climat.

— Et pour créer ce climat, vous vous en êtes pris à ma femme et à Sébastien, et vous avez saboté ma voiture ?

— Dès que je me suis aperçu que Lisa était mûre pour m'épouser, je suis passé à la vitesse supérieure.

La manière dont j'ai effrayé votre ex-femme avec votre fils procédait de cette intention. Mais je ne voulais pas leur faire de mal. Quant à Sébastien, croyez-moi si vous voulez, ça a été un accident. Effectivement, je voyageais avec lui, je cherchais un moyen de lui faire peur pour qu'il vous le raconte pendant sa séance. Ce jour-là, il n'avait pas l'air en forme. Il donnait l'impression d'avoir pris une forte dose de somnifères. A un moment, il s'est levé. J'étais dans le couloir et je l'ai vu se diriger vers les toilettes. Mais, probablement à cause des somnifères, il s'est trompé de porte et il a ouvert celle qui donnait sur la voie. Bien sûr, j'aurais pu intervenir, mais l'occasion était trop belle et je m'en suis abstenu.

— Non-assistance à personne en danger, c'est une peccadille pour vous, j'imagine.

Il sourit, sans rien répondre.

— Et ma voiture ? ajoutai-je. Grâce à vous, mon acheteur risque de rester infirme.

Il écrasa son mégot sur la table et, cette fois-ci, ne ralluma pas de cigarette.

— Je voulais jeter le trouble en vous, vous laisser croire que je pouvais avoir saboté votre voiture, comme celle de Silbermann, mais en même temps il fallait que subsiste un doute. Après tout, ce pouvait être un accident. Lorsque j'ai appris par *L'Auto-Journal* que vous mettiez en vente votre voiture, je me suis introduit dans votre parking et j'ai endommagé le circuit hydraulique de freinage. Rien de bien méchant, vous savez, une petite entaille dans un des tuyaux de manière à ce qu'elle puisse encore freiner pendant les essais, et ensuite l'accident sans gravité en conduisant à une vitesse normale. Je ne pouvais pas prévoir que vous alliez vendre votre voiture à un fou du volant.

— C'est ça, le même genre d'entaille qui a coûté la vie à Jacques Silbermann et à sa famille !

— Encore une fois, je n'ai pas l'habitude de tuer sans discernement. Silbermann n'avait qu'à pas emmener sa famille. Quand on a un patient tel que moi, on n'agit pas à la légère.

Il protestait de son innocence avec une telle conviction que je ne pus m'empêcher de le regarder avec horreur. Cet homme n'éprouvait donc jamais de remords ? Pourquoi m'étais-je entêté à garder un type pareil en analyse ?

— Je ne comprends pas l'intérêt d'une telle mise en scène, fis-je.

Au regard qu'il me lança, j'eus le sentiment qu'il me trouvait bien naïf.

— Il fallait vous conditionner pour le rôle que je comptais vous faire jouer. Non seulement vous deviez être inquiet pour vous et vos proches, mais, après ce que je vous avais révélé de la mort de Laura et l'accident de Sébastien, vous auriez eu de bonnes raisons de craindre pour Lisa et...

— Sans compter la mort de Nina, interrompis-je une nouvelle fois. C'est aussi votre œuvre, je suppose.

— Vous savez, quand on a commencé à tuer, on trouve toujours des raisons de continuer. Ce n'est pas forcément de tout repos d'être un assassin, par moments je voudrais que ça cesse. Qu'est-ce que vous voulez savoir à propos de Nina ? Elle a été victime de sa cupidité. Sitôt après votre visite au *Crazy-Sexy*, elle m'a téléphoné pour me parler de cette lettre, dont j'ignorais l'existence. Vous lui en aviez proposé cinquante mille francs, mais elle était prête à vendre au plus offrant. Si elle ne s'était pas montrée aussi avide, elle aurait encaissé vos cinquante mille francs et vous m'auriez coincé sans difficulté.

— C'est pour cette raison qu'elle m'a donné rendez-vous seulement le surlendemain ?

— Eh oui, fallait-il qu'elle soit sotte ! Ce genre d'affaire se traite immédiatement. Vous pensez bien que je ne pouvais pas la laisser se livrer à un tel chantage. Il fallait récupérer la lettre, je l'ai fait. Les badauds du passage Dallery n'y ont vu que du feu. J'ai obligé Nina à sauter dans le vide en la menaçant avec mon arme, et ensuite je me suis sauvé par les toits en passant par la fenêtre de sa salle de bains. J'ai regretté cette mort, mais, en même temps, elle servait mes projets. Aussi quand Lisa vous parlerait de notre mariage et de... notre domicile conjugal — la maison où j'avais enterré la robe de Laura ! Pouvais-je trouver un endroit plus inquiétant ? —, il ne faisait aucun doute que vous vous précipiteriez à son secours. Vous voyez, j'ai eu raison.

— Quel rôle voulez-vous me faire jouer dans vos salades ? demandais-je en m'avançant légèrement vers lui, la main cramponnée au Webley, dans ma poche.

De nouveau, il leva son arme sur moi.

— Encore un geste et je tire, gronda-t-il.

A la manière dont il venait de parler, j'eus le sentiment qu'il n'hésiterait pas à le faire. « Je ne sais pas si vous vous êtes déjà trouvé devant un type armé, avait dit Nina, mais je vous assure qu'on sent tout de suite s'il va tirer. » Elle avait raison, Günther, malgré son ton dégagé, était aux aguets, prêt à faire feu. C'était un tueur, il ne m'épargnerait pas. Lorsque je pris conscience de cette réalité, un sentiment de panique m'envahit. Que j'aie pu en arriver là me parut insensé. Instinctivement, je regardai autour de moi, à la recherche d'une issue par où fuir.

Il s'en aperçut et me dévisagea ironiquement.

— Je comprends que vous ayez peur, monsieur le psychanalyste, vous ne devez pas être habitué à ce genre de situation. Jusqu'à présent, vous n'avez eu affaire qu'à des meurtres symboliques, mais je ne suis pas sur votre divan et vous ne pouvez pas interrompre la séance à votre gré. Avant même que vous ayez fait un pas vers la porte, je vous aurai abattu.

Puis, sans cesser de diriger son arme sur moi, il ajouta :

— Vous feriez mieux d'écouter la suite, elle ne manque pas de sel. Le rôle que je vous destine est des plus excitants... Je compte faire de vous l'assassin de Lisa.

J'ouvris de grands yeux.

— Comment ?

— Vous avez très bien entendu. Je camouflerai ce crime en accident, mais pas suffisamment pour tromper la police. Pour le reste, je ferai en sorte que les soupçons portent sur vous.

— Vous êtes complètement fou ! hurlais-je. C'est insensé. Jamais personne ne croira une telle extravagance !

— Pourquoi pas ? Elle était en analyse chez vous, vous saviez qu'elle était riche et vous aviez des problèmes d'argent, cela ne vous paraît pas suffisant ?

— D'où savez-vous que j'ai des problèmes d'argent ?

— J'en sais bien plus que vous ne croyez, cher docteur. Combien de fois vous ai-je répété que je ne laissais rien au hasard ? Si vous voulez, je peux vous dire le prénom de votre première maîtresse et celui de votre analyste, le numéro de votre compte en banque, le code confidentiel de votre carte bleue et d'autres choses encore si ça vous amuse.

— Ce ne sera pas la peine, fis-je d'un air pincé.

— Donc, reprit-il, l'argent peut constituer un excellent mobile. Après tout, je suis bien devenu un assassin pour en avoir, pourquoi n'en feriez-vous pas autant ? Un analyste n'est pas à l'abri de la cupidité, que je sache. Derrière votre respectabilité peut très bien se dissimuler une canaille.

Je ne fis aucun commentaire.

— Et puis, ajouta-t-il, si ça peut vous consoler, sachez que je vous ai trouvé un mobile tout à fait plausible pour assassiner Lisa.

Il s'interrompit pour jeter un nouveau coup d'œil à sa montre.

— Malheureusement, le temps presse et je ne vais pas pouvoir vous en apprendre davantage. Désolé de vous frustrer... mais là où je compte vous envoyer, il ne vous sera pas très utile de savoir pourquoi vous êtes devenu un assassin.

Le revolver était braqué sur moi, très précisément entre mes deux yeux. Une sueur glacée me couvrit le dos.

— Vous comprenez bien qu'après ce que je viens de vous raconter, il m'est difficile de vous laisser en vie. Mais rassurez-vous, on ne trouvera pas votre corps. Une fois votre crime découvert, la police croira que vous vous êtes enfui.

D'un geste rapide, il me montra un immense sac

de toile posé à même le sol, à côté d'un tas de lourdes pierres.

— C'est la manière la plus simple de se débarrasser d'un cadavre encombrant : le sac, les pierres et le tout dans la Seine. On n'est pas près de vous retrouver. C'est de cette façon que je me suis débarrassé de Laura. Elle doit toujours y être. Si vous la voyez, peut-être pourrez-vous continuer son analyse. Je vous assure qu'elle en a besoin.

Cette plaisanterie lui plut beaucoup. Il se mit à rire, puis, de la main gauche, il fit jouer la culasse de son arme pour y engager une balle.

— Adieu, monsieur le psychanalyste, dit Günther, j'ai presque eu autant de plaisir avec vous qu'avec le docteur Silbermann.

Son regard plongea dans le mien. Ce fut extrêmement rapide, mais je n'eus pas le moindre doute : il *savait* que j'étais armé. Et, curieusement, alors qu'il aurait fallu agir avec promptitude, son doigt hésita une fraction de seconde sur la détente.

Cette hésitation me sauva la vie.

Je ne réfléchis pas et, autant par peur que par réflexe, je tirai deux fois de suite à travers mon blouson. Les deux balles l'atteignirent en pleine poitrine. Il lâcha son arme et s'écroula sur la table.

Encore sidéré par ce que je venais de faire, je m'approchai de lui. Il respirait avec difficulté.

— Voilà une intervention qui n'est pas très psychanalytique, murmura-t-il dans un souffle.

Puis il laissa tomber sa tête sur le côté et s'écroula sur la table.

Ce furent ses dernières paroles.

11

Je m'approchai de Günther.

Devant son corps inanimé, qui se vidait lentement de son sang, la perplexité me gagna. Quelque chose m'échappait, qui paraissait invraisemblable et qui, en tout cas, ne cadrait ni avec les propos de Nina ni avec ce que j'avais éprouvé lorsqu'il me menaçait de son arme. Pourquoi un homme aussi déterminé avait-il autant attendu ? Avait-il vraiment voulu tirer ?

Question sans réponse, et Günther emportait ce secret avec lui, en un ultime pied de nez qu'il m'adressait de la mort.

Alors, sans doute parce que les situations extrêmes vous révèlent toujours à vous-même, je fis ce qu'il convenait dans de telles circonstances. Je me comportai en meurtrier précautionneux s'employant à supprimer les traces de sa présence. J'effaçai avec un mouchoir les empreintes de mon automatique que je laissai bien en vue sur la table — il n'y avait aucune licence, aucun port d'arme, rien qui permît de remonter jusqu'à moi —, puis je nettoyai la poignée de la porte. Tous ces gestes, je les accomplissais froidement, avec minutie, sans penser à rien d'autre qu'à ce que je faisais. Enfin, lorsqu'il me parut que toute trace compromettante avait disparu, je montai dans la 205 et quittai le plus rapidement possible cet endroit.

En chemin, je croisai une Austin rouge. Il me sembla reconnaître la voiture de Lisa. Mais j'étais bien trop désireux de mettre le maximum de distance entre le cadavre de Günther et moi-même pour songer à intervenir. De toute façon, qu'aurais-je pu lui dire ? Si c'était Lisa, elle constaterait ce qu'il y avait à constater et elle réagirait comme elle voudrait.

En ce qui me concernait, ça n'avait aucune importance.

Ce fut en approchant de Paris que je commençai à prendre conscience de ce qui s'était passé. Cela pouvait se résumer en quelques mots : *j'avais tué un homme.*

Une phrase toute simple, dont les conséquences me terrifiaient. De ce fait, rien ne serait plus pareil. Non seulement cette phrase m'excluait de la société des honnêtes gens, mais elle me radiait définitivement de tout ce qui, pendant des années, avait été ma raison d'être : la psychanalyse. A cet égard, on pouvait parler d'une excommunication majeure, autrement plus terrible que celle de Zlibovic. Aucun retour n'était possible. La psychanalyse était totalement partie prenante du corps social. Elle y plongeait ses racines. Dans une analyse, tout pouvait se dire et s'entendre, mais rien ne devait se commettre. Les pires exécrations, la boue de l'humanité, les meurtres, les incestes, les désirs immondes et obscènes y tenaient les rôles principaux. Le cabinet de l'analyste constituait par excellence le théâtre destiné à accueillir cette fange, mais à la condition expresse de ne jamais s'affranchir de la scène purement verbale qui lui était offerte. Cet interdit valait autant pour le patient que pour le thérapeute.

En le transgressant, je venais, pour toujours, de m'exclure de l'analyse.

Il n'était pas loin d'une heure du matin lorsque j'arrivai chez moi. Le répondeur était allumé. Parmi tous les messages que l'on m'avait adressés s'en trouvaient deux qui retinrent mon attention.

Le premier était de Florence. Elle m'informait qu'elle était bien arrivée en Bourgogne et qu'elle avait pris toutes ses dispositions pour que Mathieu fût à l'abri de Günther. Cette information me parut d'un dérisoire achevé. C'était au moins la seconde fois que Florence se trompait avec une assurance superbe : d'abord en soutenant que Jacques Silbermann n'aurait jamais reçu Günther en analyse, et, maintenant, en entourant Mathieu de précautions inutiles.

L'autre message était de Rachel. Elle avait réfléchi à ce qui s'était passé entre nous et souhaitait me revoir au plus vite. L'émotion que je devinais dans sa voix réveilla un peu mon désir. Mais c'était trop tard. Je me sentais cassé, écrasé par la culpabilité. En deux coups de feu, j'étais devenu un paria et je ne méritais pas d'approcher une femme aussi prestigieuse que Rachel.

Et puis je cessai de m'intéresser à cette question. Je cessai d'ailleurs de m'intéresser à toute question. Je me dirigeai vers le bar et vidai presque d'un coup la moitié de la bouteille de scotch. Puis, d'un pas titubant, j'atteignis le canapé et m'y laissai tomber. Un instant, je songeai à passer le *Stabat Mater*. Mais il aurait fallu me relever, aller jusqu'à la chaîne, l'allumer..., irréalisable. Alors je me passai de haute-contre. La bouteille de scotch m'avait suivi jusqu'au canapé, d'un trait j'achevai de la vider. L'important, c'était de sombrer dans une déprime de brute, une déprime sans rêve, sans souffrance, sans rien.

Je n'y parvins pas.

Plusieurs fois, au cours de la nuit, Günther vint me trouver. Il me regardait en souriant et ouvrait sa veste pour me montrer les deux trous qui ensanglantaient sa chemise.

Et, hochant la tête, il soupirait tristement :

— Tout de même, ces psychanalystes, ils ont d'étranges méthodes pour se débarrasser de leurs patients !

Plusieurs jours se passèrent au cours desquels j'eus le sentiment d'une inéluctable altération.

J'avais élu domicile dans mon salon. Allongé sur le canapé, une bouteille de scotch à portée de main, j'observais les métamorphoses de ma déchéance dans le miroir vénitien aux incrustations de lapis-lazuli. La transformation avait été spectaculaire, mes vêtements avaient vieilli en même temps que moi, ils me collaient à la peau. J'avais gardé ceux que je portais pendant mon équipée à Argenteuil. Malgré la chaleur, je n'avais pas ôté mon blouson, ma chemise était moite de transpiration, mais c'était trop difficile d'en changer. Arrêter de puer exigeait un trop grand effort.

Les alentours du canapé anglo-chinois étaient jonchés de cadavres de bouteilles, de mégots de cigarettes, de reliefs de repas improvisés. L'ignominie était en bonne voie, le luxe qui m'entourait n'y pouvait rien, et je ressemblais de plus en plus à un clochard étendu sur une banquette de métro.

Pourtant, bien qu'il m'en coutât, il fallait sortir, autant pour renouveler ma provision d'alcool et de cigarettes que pour acheter les journaux. Chaque fois que je mettais le nez dehors, un soleil de plomb me tombait dessus, et la canicule, en se refermant sur moi, aggravait ma pestilence au point de me rendre irrespirable. Mon pas devenait hésitant, difficile ; il me semblait que l'avenue Trudaine s'allongeait de jour en jour, que la distance qui me séparait du kiosque à journaux, du bureau de tabac et du marchand de vin augmentait régulièrement. Les gens me jetaient des regards dégoûtés et s'écartaient prestement de mon chemin. Aussi, dès que j'avais terminé mes courses, je m'empressais de regagner mon appartement.

Une fois chez moi, j'épluchais attentivement les journaux, je ne manquais aucun bulletin de presse à la radio ou à la télévision, passant continuellement d'une station à l'autre sans jamais trouver l'information qui m'intéressait. Nulle part il n'était question de la mort de Philippe Voisin, alias Günther Bloch, alias Henri Fontaine.

Alors je me remettais à vider bouteille de scotch sur bouteille de scotch, à fumer cigarette sur cigarette et à écouter le *Stabat Mater* de Vivaldi, lorsque j'avais le courage de me traîner jusqu'à la chaîne stéréo. Seuls le tabac, le whisky et la voix de James Bowman avaient le pouvoir de m'apporter quelque apaisement.

Quant à mes contacts avec l'extérieur, ils s'entassaient sur la bande magnétique du répondeur téléphonique. C'étaient des messages de confrères qui m'informaient des habituels colloques, communications et autres symposiums de psychanalyse, des messages de la banque, où l'on s'étonnait de ce que je n'ai pas encore donné signe de vie — au train où ça allait, mon appartement serait bientôt mis en vente, mais cela n'avait plus d'importance. D'ailleurs, plus rien n'avait d'importance. Il y avait aussi des messages du dispensaire : on s'y inquiétait de mon absence et on me demandait d'appeler. Sans importance non plus.

Seul un nouvel appel de Florence parvint à me dérider et, l'alcool aidant, me fit rire aux éclats : elle m'informait que, inquiète pour Mathieu, elle resterait auprès de lui tant qu'elle n'aurait pas la certitude que tout danger était écarté. J'écoutai le message à plusieurs reprises et, chaque fois, il déclencha la même hilarité : Florence Durand-Sauvagnac, la freudienne de choc, l'égérie de Jacques Silbermann, la diva du texte théorique, n'était pas disponible. Un comble ! La concierge est dans la cour et la thérapeute aux champs. Pour les leçons de morale libidinale, il faudra repasser. Patience, névrosés, les analystes vont encore plus mal que vous !

Gilbert appela également. Il s'étonnait de ne plus me voir et attendait de mes nouvelles. Inquiet, je repassais plusieurs fois de suite ses messages pour essayer d'en déceler les véritables intentions, mais ils étaient purement amicaux et ne ressemblaient en rien à une convocation à la police. Peut-être le cadavre de Günther Bloch pourrissait-il dans cette cabane sans que personne ne s'en souciât ? Souvent, j'avais pensé téléphoner à Gilbert pour l'avertir de ce qui était arrivé. En prenant les devants et en me dénonçant, je pouvais limiter les dégâts. Il est vrai que j'étais en état de légitime défense lorsque j'avais abattu Günther, et que, mes relations et ma respectabilité aidant, je risquais, au pis, une peine légère.

Une peine légère et une vie foutue.

Cela ne m'intéressait pas. Pour cette raison, je n'appelais pas Gilbert, je ne répondais plus au téléphone, je ne lisais plus mon courrier et je n'ouvrais pas aux coups de sonnette. Je ne m'intéressais qu'aux informations. Patients, amis, femme de ménage, maîtresses, huissiers, policiers, passez votre chemin, je ne suis plus là. Si vous voulez entrer chez moi, il vous faudra forcer ma porte et vous me trouverez imbibé d'alcool, parfaitement conservé en état de malheur.

Rachel appela encore. Elle s'inquiétait de mon silence et de mon absence au dispensaire, elle aurait été heureuse de me rencontrer ou, au moins, de me parler. Pour cela, il aurait fallu que je fusse en vie et j'étais enterré dans un huit-pièces avec mes Lucky Strike, mes bouteilles de scotch et mes vêtements qui me collaient à la peau. Et je n'avais envie de voir personne.

Sauf Lisa.

Ce qui avait pu se passer après ma fuite de la cabane ne cessait de me tourmenter. Dans mes rares moments de lucidité, je retournais la même et évidente question dans ma tête. Comment Lisa avait-elle réagi en découvrant le corps de son mari ? Logiquement, elle aurait dû prévenir la police. Apparemment, elle ne l'avait pas fait, sinon la mort de Günther aurait été annoncée dans la presse et on aurait ouvert une enquête. Peut-être avait-elle pris la fuite ? Peut-être était-elle restée dans cette cabane ? Peut-être était-elle devenue folle ? Ce qui aurait expliqué qu'elle n'eût pas cherché à me contacter.

Sans cesse, j'échafaudais de nouvelles hypothèses, aussi invraisemblables les unes que les autres, et lorsque la question devenait trop difficile, je la noyais dans l'alcool et dans le tabac. Seule Lisa subsistait. Elle était étendue sur le divan et sa jupe redescendait lentement le long de ses jambes recroquevillées. La seule femme que je pouvais encore désirer, avec qui je pouvais partager mon ignominie. Je me promettais alors que si je la revoyais je lui ferais subir sans le moindre état d'âme tout ce dont je m'étais privé par discipline freudienne.

Et puis elle appela.

Je reconnus immédiatement sa voix sur le répondeur. Elle s'excusait d'avoir manqué ses précédentes séances et m'assurait qu'elle viendrait vendredi, en fin de soirée, à l'heure habituelle.

Cet appel me ramena à la réalité. Je m'aperçus alors qu'un peu plus d'une semaine s'était écoulé depuis mon expédition d'Argenteuil, qu'il était près de six heures et que Lisa n'allait plus tarder. Je me préparai un café très fort, j'ôtai enfin mon blouson et mes vêtements que je fourrai directement dans le vide-ordures, je pris une douche et, après m'être rasé et habillé de propre, je réussis à avoir l'air presque présentable.

Je venais à peine de monter dans mon cabinet que j'entendis sonner.

C'était Lisa. Je n'aurais pu affirmer qu'elle avait changé depuis la dernière fois. En tout cas, elle ne paraissait guère plus fraîche que moi. Vêtue de noir, les yeux rougis d'avoir pleuré, l'affliction personnifiée.

Elle ne se fut pas plutôt allongée qu'elle commença à battre sa coulpe.

— Je suis une meurtrière furent ses premières paroles.

Prudent, j'attendis la suite.

— Une meurtrière, répéta-t-elle. Vendredi dernier... j'ai abattu mon mari.

Je crus avoir mal compris.

— Pardon ?

— Vous avez parfaitement entendu, j'ai tué Henri...

Elle s'interrompit, cherchant peut-être la force de poursuivre.

— Après ma séance, j'ai erré longtemps dans Paris. Je n'arrivais pas à retourner à Argenteuil. C'était trop difficile, je haïssais Henri pour l'épreuve qu'il m'imposait et je lui prêtais les pires intentions. Plus d'une fois, j'ai voulu m'enfuir. Mais j'étais persuadée qu'Henri finirait par me retrouver. Il valait mieux une explication franche et directe, je lui aurait dit que je ne pouvais vivre de la façon qu'il voulait. S'il se rendait à mes raisons — ce que je souhaitais —, tout irait bien, sinon, je ne savais pas encore ce que je ferais, mais je n'étais pas disposée à céder. Pour recouvrer ma liberté, j'étais prête à tout. Je suis donc retournée à Argenteuil. Il était presque minuit lorsque je suis arrivée à la cabane. Elle était allumée de l'intérieur, j'ai eu l'impression qu'il m'attendait. J'ai poussé la porte..., et c'est là que tout est arrivé.

Elle hésita avant de continuer :

— Henri était assis devant la table. Il y avait quelque chose de fou dans son regard, on aurait juré qu'il voyait au-delà de moi et ce qu'il voyait semblait l'emplir de terreur ou de haine. Dans sa main, il tenait un revolver et, tout de suite, j'ai eu la certitude qu'il allait tirer.

— Comment ! m'exclamai-je.

Et je faillis demander : « Il n'était pas complètement mort ? » Mais elle ne s'aperçut pas de mon interruption et continua son récit.

— Devant moi, sur la table, il y avait un autre revolver. Alors, sans réfléchir à ce que je faisais, je l'ai pris et j'ai tiré sur Henri. J'ai vidé le chargeur sur son regard. Je ne sais plus combien j'ai tiré de balles. Il s'est écroulé sur le sol, tout ruisselant de sang... Je ne pensais pas qu'on pouvait se vider aussi vite, avec une telle intensité...

« Forcément », pensais-je.

— Sans doute allez-vous dire que j'étais en état de légitime défense. Après tout, il me menaçait avec son arme... Mais à ce moment, j'étais prête à tout et je le haïssais tellement que, de toute façon, j'aurais tiré... Avec cette arme à portée de main, l'occasion était trop belle. C'est pour ça que je suis une meurtrière.

Cette affirmation me rendit perplexe.

Etait-ce moi le véritable assassin, moi qui avais tiré deux balles dans la poitrine de Günther et l'avais abandonné sans vie ? Ou Lisa qui, l'ayant surpris dans un ultime sursaut, avait parachevé ce que j'avais commencé ?

Mais Lisa n'avait pas terminé son histoire.

— Lorsque j'ai vu Henri gisant à mes pieds, j'ai agi en véritable criminelle. Il y avait dans la cabane un sac et des pierres. Le parti que je pouvais en tirer m'a immédiatement sauté aux yeux. J'ai mis le corps d'Henri dans le sac et je l'ai porté jusqu'au coffre de ma voiture. Ensuite, j'ai chargé les pierres et j'ai roulé le long de la Seine à la recherche d'une berge déserte. Pendant tout ce temps, j'agissais avec une détermination lucide et froide. Une vraie criminelle ! Finalement, j'ai trouvé un endroit qui me convenait, j'ai lesté le sac et je l'ai jeté à l'eau. Il ne lui a pas fallu beaucoup de temps pour couler... Je ne crois pas qu'on le retrouve de sitôt, ni même qu'on le retrouve un jour. Mais, lorsque la dernière bulle est venue crever la surface de l'eau, j'ai compris la gravité de ce que j'avais commis et... d'un seul coup, ma haine s'est évanouie.

Elle s'interrompit une nouvelle fois et éclata longuement en sanglots. J'attendis qu'elle se calme.

— Oh, docteur ! s'exclama-t-elle. Si vous saviez à quel point je souffre ! Il ne se passe pas un instant sans que je me reproche ce qui est arrivé. Ce que j'ai pu raconter sur Henri était odieux. Je l'ai accusé des pires méfaits. Mais j'étais sous l'emprise de la colère... ou du désespoir. Bien sûr, sa conception de l'existence était insupportable, mais il croyait agir pour mon bien, pour me fortifier l'âme. Si seulement j'avais tenté de m'expliquer avec lui ! Je suis sûre qu'il aurait compris et qu'il m'aurait laissé partir. Au lieu de cela, je l'ai tué. Henri, le seul homme qui m'ait jamais aimée... mon mari, je l'ai tué, et cet acte fait de moi une meurtrière...

Et elle avait raison.

Bien sûr j'aurais pu lui apprendre ce qui s'était réellement passé avant son arrivée, j'aurais pu lui dire qui était Henri et le sort qui l'attendait avec lui.

Mais je n'en fis rien.

En entendant ce récit, un immense soulagement m'avait envahi. Par rapport à ce soulagement, le reste était dépourvu d'importance. Les remords de Lisa me rendaient une vie que je ne me sentais ni la force ni le droit de refuser.

Savoir qui de nous deux avait tiré la balle meurtrière devenait une question d'école, une querelle de byzantins, dépassée, dépourvue d'importance. Il y avait entre Lisa et moi la même différence qu'entre le père légal et le père biologique. Elle était la meurtrière, parce qu'elle avait tiré la dernière, parce qu'elle avait voulu tuer, mais, surtout, parce qu'elle avait reconnu son meurtre. Cette reconnaissance en faisait une criminelle aussi sûrement que la reconnaissance en paternité faisait un père légal.

Et la meurtrière légale éclipsait le meurtrier biologique.

C'était une conviction d'une force incroyable. D'un seul coup, j'avais retrouvé le droit de vivre. Mes projets érotiques avec Lisa me revinrent alors en mémoire, mais, parce que cette révélation me libérait d'une semaine d'angoisse et que l'image de cette femme, vêtue de noir, se lamentant sur son infortune, me parut profondément indécente, je sentis tout désir pour elle s'éteindre. Son désespoir m'ennuyait ; je songeai à Rachel et j'eus hâte que cette séance prît fin pour l'appeler.

Cependant, maîtrisant mon impatience, je laissai Lisa poursuivre son histoire.

— Vous ne pouvez pas savoir à quel point Henri était un homme bon et généreux. Il ne vous connaissait pas, mais il vous estimait beaucoup. Selon lui, c'était grâce à vous que j'avais réussi à m'améliorer. Pour cette raison, il trouvait normal que je vous manifeste ma reconnaissance et il a réussi à me convaincre de prendre des dispositions testamentaires en votre faveur.

— Qu'est-ce que vous dites ?

C'était tellement insensé que je dus la faire répéter.

— Oui, des dispositions testamentaires. Ma famille m'a laissé une fortune considérable. Aussi j'ai pris des arrangements avec ma banque. On ne refuse rien à une riche cliente. Sur les conseils d'Henri, pour simplifier les procédures de succession, j'ai ouvert un compte à votre nom. Si je venais à disparaître ou s'il m'arrivait malheur, il y aurait deux millions de francs à votre disposition.

Je retins un cri de surprise.

C'était cela le mobile que Günther m'avait trouvé ! J'aurais assassiné Lisa pour deux millions de francs. Il avait accepté de sacrifier cette somme pour la vraisemblance de la mise en scène. Ou plutôt non, il ne sacrifiait rien. Il serait allé l'encaisser sous mon nom après m'avoir éliminé. Ainsi, non seulement il aurait récupéré l'argent de Lisa, mais ce retrait m'aurait définitivement accablé.

— Je n'en peux plus, reprit Lisa. Ce meurtre m'obsède. J'ai écrit au procureur de la République pour lui raconter ce que j'ai fait. Mais je ne me suis pas encore décidée à poster la lettre... Il faut que j'arrête de penser à tout ça, à Henri, à ce meurtre... parce que si je continue je mettrai fin à mes jours.

Et, brusquement, tout devint lumineux.

Raoul Zlibovic avait une fois de plus raison : ce que l'on était réellement pouvait se réaliser aux dépens de ce que l'on croyait être. A tout moment, on risquait de se découvrir sous un jour inattendu. Pour ma part, ce que je venais de découvrir était aussi clair et aussi limpide qu'inattendu. J'étais un salaud. Un salaud de la trempe de Günther. Quoi que j'aie pu en penser, il avait été la seule personne à compter pour moi. Tout le reste était mensonge. Psychanalyse, contrôleur, dispensaire, amour, tout s'effaçait devant cette évidence. Florence n'était qu'une pédante carriériste, une donneuse de leçons, tout comme Zlibovic, contrôleur bavard, horripilant avec ses conseils aussi inutiles qu'assommants. Seuls trouvaient grâce à mes yeux Gilbert Chapireau, mon ami de toujours, et Siemsky avec ses manières de lubrique courtois. Quant à Rachel, si elle avait pu éveiller mon désir, elle n'en restait pas moins, quoi que j'aie pu me raconter, à la périphérie de ma vie.

Dire que j'avais cru pouvoir guérir les autres ! Les guérir du malheur de leur existence. Quelle dérision ! « Je ne vois rien de plus ridicule qu'un homme qui veut se mêler d'en guérir un autre », avait dit Molière. La psychanalyse, il est vrai, ne prétend pas guérir, tout au plus peut-elle aider à vivre, ce qui est énorme.

Mais deux millions aussi, c'est énorme.

Un lien étonnant et curieux, infiniment fort, venait d'un seul coup de s'établir entre Günther et moi, un lien de gratitude et de tendresse quasi filiale. Non seulement cet homme m'avait révélé à moi-même et avait fait de moi ce qu'il était, mais, en prime, il m'offrait de quoi sauver mon appartement et résoudre mes problèmes avec la banque.

Sur le divan, prostrée dans son désespoir, Lisa

m'avait confié qu'elle mettrait fin à ses jours si elle continuait de penser à ce meurtre.

Alors, tout en m'efforçant de contenir l'immense jubilation qui battait en moi, sur le ton le plus neutre possible, je lui dis :

— Continuez.

CET OUVRAGE
A ÉTÉ REPRODUIT
ET ACHEVÉ D'IMPRIMER SUR ROTO-PAGE
PAR L'IMPRIMERIE FLOCH À MAYENNE
EN DÉCEMBRE 1992

(33423)

POUR LE COMPTE DES
ÉDITIONS CALMANN-LÉVY, 3, RUE AUBER
PARIS-9e – No 11865/04
DÉPÔT LÉGAL : DÉCEMBRE 1992